EN İYİ SABAH İKRAMLARI YEMEK KİTABI

100 Muffin, Rulo, Bisküvi, Kahvaltılık Ekmek ve Daha Fazlası

Melek Acar

Telif Hakkı Malzemesi ©2024

Her hakkı saklıdır

Bu kitabın hiçbir bölümü, incelemede kullanılan kısa alıntılar dışında, yayıncının ve telif hakkı sahibinin uygun yazılı izni olmadan, hiçbir şekilde veya yöntemle kullanılamaz veya aktarılamaz. Bu kitap tıbbi, hukuki veya diğer profesyonel tavsiyelerin yerine geçmemelidir.

İÇİNDEKİLER

İÇİNDEKİLER 3
GİRİİŞ 6
ÇÖREK, KEK 8
   1. SABAHIN ŞANI KEKLER 9
   2. PEKAN PASTASI KEKLERİ 11
   3. FRENK ÜZÜMLÜ MUFFİNLER 13
   4. PORTAKALLI-FRENK ÜZÜMLÜ MUFFİNLER 15
   5. KEPEKLİ ÇÖREK 17
   6. ELMALI KREMALI PEYNİRLİ MUFFİNLER 19
   7. HAVUÇLU FRENK ÜZÜMLÜ MUFFİN 22
   8. ÖĞLE YEMEĞİ KUTUSU ISPANAKLI MUFFİNLER 25
   9. STREUSEL'Lİ MİNİ YABAN MERSİNLİ MUFFİNLER 27
   10. LİMONCELLOLU MUFFİNLER 29
   11. MOCHA MUFFİNLERİ 31
   12. YABANMERSİNLİ KUPA MUFFİN 33
   13. MUZLU FINDIKLI KUPA MUFFİN 35
   14. AHUDUDU BADEMLİ KUPA MUFFİN 37
   15. HATMİ MUFFIN PUFLARI 39
   16. DALGONA MUFFİNLERİ 41
   17. YABANMERSİNLİ AVOKADO MİNİ MUFFİNLER 43
   18. ÖĞLE YEMEĞİ KUTUSU MİNİ YUMURTALI MUFFİNLER 45
   19. OREOLU KEKLER 47
   20. YULAFLI YOĞURTLU MUFFİNLER 49
   21. PROSCIUTTO SARILMIŞ MİNİ FRITTATA MUFFİNLER 51
RULO 53
   22. PORTAKALLI KAHVE RULOLARI 54
   23. PEMBE LIMONATA TARÇIN RULOLARI 57
   24. ÇİKOLATALI OREO TARÇINLI RULOLAR 59
   25. KIRMIZI KADİFE TARÇINLI RULOLAR 62
   26. GECELİK KARAMELLİ CEVİZLİ RULOLAR 65
   27. PATATESLİ TARÇINLI RULOLAR 67
   28. KREM ŞANTİ CEVİZLİ TARÇINLI RULOLAR 70
   29. ELMA SOSLU TARÇINLI RULOLAR 72
   30. PORTAKALLI TARÇINLI RULOLAR 75
BİSKÜVİ 77
   31. TATLI PATATES BİSKÜVİLERİ 78
   32. TEREYAĞLI BİSKÜVİ 80
   33. PEPPERONI VE CHEDDAR KAHVALTI BİSKÜVİSİ 82
   34. MÜRVER ÇİÇEĞİNİN ERİME ANLARI 84
   35. KÖY JAMBONLU BİSKÜVİ 86

36. Sosis Sosu ve Bisküvi 88
KAHVALTI EKMEKLERİ **90**
   37. Chai Baharatlı Muzlu Ekmek 91
   38. Balkabağı Baharatlı Muzlu Ekmek 94
   39. Tarçın Girdap Muzlu Ekmek 97
   40. Açaí Muzlu Ekmek 100
   41. Üzümlü Tatlı Ekmek 102
   42. Sırlı Üçlü Meyveli Muzlu Ekmek 105
   43. Yabanmersinli Muzlu Ekmek 108
   44. Tropikal Muzlu Ekmek 110
   45. Mangolu Muzlu Ekmek 113
   46. Kara Orman Muzlu Ekmek 115
   47. Amaretto Hindistan Cevizi Ekmeği 118
   48. Pancar Fındıklı Ekmek 120
KAHVALTI SANDVİÇLERİ **122**
   49. Mini Caprese Sandviçleri 123
   50. Mini Tavuk Salatalı Sandviçler 125
   51. Mini Hindi ve Kızılcık Sandviçleri 127
   52. Mini Jambon ve Peynir Sürgüleri 129
   53. Mini Veggie Club Sandviçler 131
   54. Mini Salatalık ve Krem Peynirli Sandviçler 133
   55. Mini Füme Somonlu ve Dereotlu Sandviçler 135
   56. Mini Yumurta Salatası Sandviçleri 137
   57. Mini Kızarmış Dana ve Yaban Turpu Sandviçleri 139
   58. Mini Su Teresi ve Turplu Sandviçler 141
ÇÖREKLER **143**
   59. Mimoza Çörekleri 144
   60. Doğum Günü Pastası Çörekler 146
   61. Kapuçino Çörekler 149
   62. Zencefil ve Frenk Üzümü Çörekleri 151
   63. Tarçınlı Cevizli Çörekler 153
   64. Limoncello Çörekler 156
   65. Tarçınlı Kahve Çörekler 158
   66. Hindistan Cevizli ve Ananaslı Çörekler 160
   67. Balkabağı Kızılcık Çörekleri 163
   68. Pembe Limonata Çörekler 165
   69. Tereyağlı Çörekler 167
   70. Tutku Meyveli Çörekler 169
   71. Nane Çörekleri 171
   72. Amaretto Vişneli Çörekler 173
   73. Toblerone Çörekler 175
   74. Yuzu Çörekler 177
   75. Fıstıklı Çörekler 179

76. YULAF EZMELİ TARÇINLI ÇÖREKLER 181
77. MARGARİTA ÇÖREKLERİ 184
78. HİNDİSTAN CEVİZİ UNU ŞEKER SIRLI ÇÖREKLER 186
79. ZENCEFİL VE FRENK ÜZÜMÜ ÇÖREKLERİ 189

MİNYATÜR KEKLER 191
80. KİRAZLI KAHVELİ KEK 192
81. MİNİ VICTORIA PANDİSPANYA 194
82. MİNİ LİMONLU ÇİSELEYEN KEK 196
83. MİNİ ÇİKOLATALI EKLER 198
84. MİNİ KAHVELİ CEVİZLİ KEK 200
85. MİNİ İKİNDİ ÇAYI KEKLERİ 202
86. MİNİ HAVUÇLU KEK ISIRMALARI 205
87. MİNİ KIRMIZI KADİFE KEK 207

KRUVASAN 210
88. TOBLERONE'LU EKMEK VE TEREYAĞLI KRUVASANLAR 211
89. TOBLERONE KRUVASANLARI 213
90. NUTELLA VE MUZLU KRUVASAN 215
91. S'MORES KRUVASAN 217
92. KAHVALTI KRUVASANLI SANDVİÇLER 220
93. KLASİK PASTIRMA, YUMURTA VE PEYNİRLİ KRUVASAN 222
94. PORTAKALLI, BADEMLİ KRUVASAN YAPIŞKAN ÇÖREKLER 224
95. FISTIKLI KRUVASAN 226
96. FINDIKLI ÇİKOLATALI KRUVASANLAR 228
97. AHUDUDU KRUVASANLARI 230
98. ŞEFTALİ KRUVASAN 232
99. ÇİKOLATA KAPLI ÇİLEKLİ KRUVASAN 234
100. ZENCEFİLLİ KURABİYE 236

ÇÖZÜM 238

GİRİŞ

Havada süzülen, sizi güne lezzetli bir şekilde başlamaya teşvik eden taze pişmiş ikramların aromasıyla uyandığınızı hayal edin. Nihai sabah ikramları, yumuşak keklerden pul pul ekmeklere, tereyağlı bisküvilerden doyurucu kahvaltı ekmeklerine kadar sayısız lezzeti kapsar ve her biri önümüzdeki gün için mükemmel tonu ayarlayan bir lezzet ve konfor patlaması sunar.

Yumuşak dokusu ve sonsuz lezzet seçenekleriyle muffinler, sabahların vazgeçilmez lezzetlerindendir. İster klasik yaban mersinli, ister çikolata parçacıklı, ister tuzlu ıspanak ve beyaz peynirliyi tercih edin, her damak zevkine uygun bir muffin mutlaka vardır. Elde taşınır bu lezzetler yalnızca yoğun sabahlar için uygun olmakla kalmaz, aynı zamanda glütensiz veya vegan seçenekler gibi diyet tercihlerine uyum sağlayacak şekilde özelleştirilebilir.

Tarçınlı, portakallı veya yapışkan cevizli rulolar, yumuşak kırıntıları ve yapışkan dolgularıyla sabah deneyimini zenginleştirir. Sıcak, taze pişmiş bir rulodan alınan bir ısırık, tatlılık ve sıcaklık katmanlarını ortaya çıkarır ve saniyeler boyunca uzanmaya direnmeyi imkansız hale getirir. İster dumanı tüten bir fincan kahvenin yanında, ister yavaş bir brunch kahvaltısının en önemli parçası olarak tüketilsin, rulolar her sabah rutinine bir hoşgörü dokunuşu katar.

Bisküviler, pul pul katmanları ve tereyağ zenginliğiyle Güney mutfağının ve sabah menülerinin sevilen bir öğesidir. İster iştah açıcı sosis sosla eşleştirilsin, ister üzerine bal sürülmüş olsun, ister peynir ve otlarla doldurulmuş olsun, bisküviler, damak tadınızı daha fazlasını arzulayan, rahatlık ve tatminin enfes bir kombinasyonunu sunar. Malzemelerin sadeliği, lezzetlerin karmaşıklığını gizleyerek bisküvileri kahvaltı meraklıları için vazgeçilmez bir favori haline getiriyor.

Muzlu ekmek, kabaklı ekmek, balkabağı ekmeği gibi kahvaltılık ekmekler, nemli dokusu ve doğal tatlılığıyla güne sağlıklı bir başlangıç sunuyor. Meyve, sebze ve kuruyemişlerle dolu bu ekmekler sadece lezzetli değil aynı zamanda besleyicidir ve sabah saatlerinin çok ötesine geçen bir enerji ve tatmin kaynağı sağlar. İster sade ister bir parça tereyağı ile kızartılmış olsun, kahvaltı ekmekleri sağlıklı malzemeleri sabah rutininize dahil etmenin lezzetli bir yoludur.

Bu klasiklerin ötesinde, sabah ikramları dünyası çok geniş ve çeşitlidir; çöreklerden kahveli keklere, kruvasanlardan Danimarka hamur işlerine kadar her şeyi kapsar. İster bir kruvasanın yumuşaklığı, ister bir kahve kekinin ufalanan üst kısmı, ister bir çöreğin hafif tatlılığı olsun, her ikram kendine özgü bir çekicilik sunar. Keşfedilecek sonsuz olasılıklar sunan mükemmel sabah ikramları, her nefis lokmayla sıradan olanı olağanüstüye dönüştürerek keyif ve ilham vermeyi vaat ediyor.

ÇÖREK, KEK

1. Sabahın Şanı Kekler

İÇİNDEKİLER:

- 2 fincan çok amaçlı un
- 1¼ bardak şeker
- 2 çay kaşığı karbonat
- 2 çay kaşığı tarçın
- ½ çay kaşığı tuz
- 2 su bardağı havuç, soyulmuş ve rendelenmiş
- ½ bardak kuru üzüm
- ½ su bardağı kıyılmış ceviz
- 3 yumurta, dövülmüş
- 1 su bardağı sıvı yağ
- 1 elma, soyulmuş, çekirdeği çıkarılmış ve doğranmış
- 2 çay kaşığı vanilya özü

TALİMATLAR:

a) Büyük bir kapta un, şeker, kabartma tozu, tarçın ve tuzu birleştirin.
b) Havuç, kuru üzüm ve cevizleri karıştırın. Ayrı bir kapta yumurtaları, yağı, elmayı ve vanilyayı birleştirin.
c) Yumurta karışımını un karışımına ekleyin; birleşene kadar karıştırın. Yağlanmış veya kağıt serilmiş muffin kalıplarına ¾'ünü dolduracak şekilde kaşıkla dökün.
ç) Altın rengi olana kadar 15 ila 18 dakika boyunca 350 derecede pişirin.

2.Pekan pastası kekleri

İÇİNDEKİLER:
- 1 su bardağı açık kahverengi şeker, paketlenmiş
- ½ bardak çok amaçlı un
- 2 yumurta, dövülmüş
- ⅔ bardak tereyağı, eritilmiş
- 1 su bardağı kıyılmış ceviz
- İsteğe bağlı: ceviz yarımları

TALİMATLAR:
a) Bir kapta cevizlerin yarısı hariç tüm malzemeleri karıştırın. Yağlanmış mini muffin kalıplarının ⅔'ünü doldurun.
b) Kullanıyorsanız her birinin üzerine cevizli yarım ekleyin.
c) Altın rengi olana kadar 12 ila 15 dakika boyunca 350 derecede pişirin.

3. Frenk Üzümlü Muffinler

İÇİNDEKİLER:
- 1 su bardağı şeker
- 2 su bardağı kırmızı kuş üzümü
- 1 ½ su bardağı çok amaçlı un
- ½ su bardağı tam buğday unu
- 1 yemek kaşığı kabartma tozu
- ½ bardak süt
- 1 ½ çay kaşığı vanilya özü
- ½ su bardağı tereyağı, eritilmiş
- 2 organik yumurta, büyük boy
- ½ çay kaşığı tuz

İSTEĞE BAĞLI MALZEMELER
- Üzerine serpmek için kaba şeker
- ¼ bardak kıyılmış badem

TALİMATLAR:
a) Muffin kalıplarını astarlarla hizalayın ve ardından fırınınızı önceden 375 F'ye ısıtın.

b) Daha sonra unları kabartma tozu, şeker ve tuzla orta ve büyük boy bir karıştırma kabında iyice karışıncaya kadar çırpın, karışımı bir kenara koyun.

c) Küçük boyutlu bir sıvı ölçüm kabı veya kasesinde sütü eritilmiş tereyağı, ekstrakt ve yumurtalarla çırpın. Bu karışımı kuru malzemelerin üzerine dökün ve malzemeleri birleşene kadar karıştırmaya devam edin. Kuş üzümlerini katlayın, ½ bardak kuş üzümünü üstte tutun.

ç) Her muffin kabını yaklaşık ¾ oranında hazırlanan hamurla doldurun ve her bardağı bir kenara bırakılmış kuş üzümü ve şeker veya bademle süsleyin. Bardakları aşırı doldurmadığınızdan emin olun. Önceden ısıtılmış fırında, altın rengi kahverengi oluncaya ve kürdan temiz çıkana kadar 25 ila 30 dakika pişirin.

4.Portakallı-Frenk Üzümlü Muffinler

İÇİNDEKİLER:

- 2 ¼ bardak çok amaçlı un
- ¼ bardak portakal suyu konsantresi, dondurulmuş ve çözülmüş
- 2 çay kaşığı portakal kabuğu, rendelenmiş
- ¾ bardak süt
- 1 hafif çırpılmış yumurta, büyük boy
- ½ bardak) şeker
- 3 çay kaşığı kabartma tozu
- ¼ bardak kuru üzüm veya kuş üzümü
- 1 çay kaşığı portakal kabuğu, rendelenmiş
- 1/3 su bardağı bitkisel yağ
- 3 yemek kaşığı şeker
- ¼ çay kaşığı tuz

TALİMATLAR:

a) Standart boyutlu bir muffin kalıbını muffin kalıplarıyla kaplayın ve ardından fırınınızı önceden 400 F'ye ısıtın.

b) Sütü, meyve suyu konsantresi, yağ, yumurta ve 2 çay kaşığı portakal kabuğu ile büyük boyutlu bir karıştırma kabında iyice karışana kadar çırpın. İşlem tamamlandıktan sonra unu, ardından ½ bardak şekeri, kabartma tozunu ve tuzu, un biraz nemlenene kadar karıştırın, ardından kuş üzümü veya kuru üzümleri ekleyin.

c) Hazırlanan hamuru muffin kaplarına eşit şekilde paylaştırın. 1 tatlı kaşığı portakal kabuğu ve 3 yemek kaşığı şekeri karıştırıp kaplardaki hamurun üzerine serpin.

ç) Açık altın rengi kahverengiye dönene kadar 20 ila 25 dakika pişirin. Derhal tavadan çıkarın. Hemen servis yapın ve keyfini çıkarın.

5.Kepekli çörek

İÇİNDEKİLER:

- 2 su bardağı kepek gevreği veya 1 ¼ su bardağı mısır gevreği
- ½ çay kaşığı vanilya
- 1 ¼ bardak çok amaçlı un
- ½ bardak esmer şeker, paketlenmiş
- 3 çay kaşığı kabartma tozu
- 1 organik yumurta, büyük boy
- ¼ çay kaşığı öğütülmüş tarçın
- ¼ bardak bitkisel yağ
- 1 1/3 su bardağı süt
- ¼ çay kaşığı tuz

TALİMATLAR:

a) Muffin kaplarının her birini bir kağıt pişirme kabıyla doldurun ve ardından fırınınızı önceden 400 F'ye ısıtın.

b) Daha sonra mısır gevreğini bir oklava kullanarak büyük, yeniden kapatılabilir bir plastik torbaya koyun ve mısır gevreğini ince kırıntılara kadar ezin.

c) Ezilmiş mısır gevreğini süt, vanilya ve kuru üzüm ile orta boy bir karıştırma kabında iyice karışana kadar karıştırın. Mısır gevreği yumuşayana kadar birkaç dakika bekletin. Yumurtayı ve yağı bir çatal kullanarak çırpın.

ç) Unu kabartma tozu, esmer şeker, tarçın ve tuzla ayrı bir orta boy karıştırma kabında iyice karışana kadar karıştırın. Hazırlanan un karışımını, un biraz nemlenene kadar tahıl karışımına karıştırın. Hazırlanan kapları hamurla eşit şekilde paylaştırın.

d) Kürdan temiz çıkana kadar 20-25 dakika kadar pişirin. Bittiğinde, tavada 5 dakika soğumaya bırakın, soğutma rafına çıkarın ve tamamen soğumaya bırakın. Hemen servis yapın ve keyfini çıkarın.

6.Elmalı Kremalı Peynirli Muffinler

İÇİNDEKİLER:
STRESEL İÇİN
- 3 yemek kaşığı esmer şeker, paketlenmiş
- 1 yemek kaşığı margarin veya tereyağı, yumuşatılmış
- 2 yemek kaşığı çok amaçlı un

KEKLER İÇİN
- 1/3 su bardağı krem peynir
- 1 elma, büyük, soyulmuş ve doğranmış
- ¾ bardak esmer şeker, paketlenmiş
- ½ çay kaşığı tuz
- 1 ¾ su bardağı çok amaçlı un
- ¼ bardak elma püresi
- 1 çay kaşığı kabartma tozu
- ½ çay kaşığı öğütülmüş tarçın
- 2 adet çırpılmış yumurta, büyük boy
- 2/3 su bardağı sıvı yağ
- 1 çay kaşığı vanilya

TALİMATLAR:

a) 15 muffin kabını kağıt pişirme kalıplarıyla sıralayın ve ardından fırınınızı önceden 350 F'ye ısıtın. Doldurmak için muffinlerin içine yaklaşık 1 yemek kaşığı esmer şeker ayırın.

b) Daha sonra, kalan kahverengi şekeri 1 ¾ su bardağı un, kabartma tozu, tarçın ve tuz ile büyük bir kapta elektrikli karıştırıcı kullanarak düşük hızda iyice karışana kadar birleştirin. Doldurmak için 1 yemek kaşığı çırpılmış yumurta ayırın. Un karışımına elma püresi, yağ, kalan yumurta ve vanilyayı ekleyin. Malzemeleri orta hızda iyice karışıncaya kadar çırpmaya devam edin. Bittiğinde, elmayı bir kaşık kullanarak karıştırın.

c) Şimdi krem peyniri, bir kenara bırakılmış kahverengi şeker ve ayrılmış yumurta ile küçük boyutlu bir karıştırma kabında birleştirin. Hazırlanan hamurla her muffin kalıbının yaklaşık 2/3'ünü doldurun. Her birinin üstüne 1 çay kaşığı krem peynir karışımı ekleyin ve ardından kalan hamurdan bir kaşık dolusu ekleyin. Tüm streusel malzemelerini küçük boyutlu bir karıştırma kabında birleştirin, hamurun üzerine serpin.

ç) Önceden ısıtılmış fırında kürdan temiz çıkana kadar 22 ila 26 dakika kadar pişirin. Tavadan çıkarın ve 8 ila 10 dakika boyunca hafifçe soğumaya bırakın.

7.Havuçlu Frenk Üzümlü Muffin

İÇİNDEKİLER:
- 1/3 su bardağı paketlenmiş esmer şeker
- ¼ bardak sade Yunan yoğurdu
- 1 su bardağı eski moda yulaf ezmesi
- ½ çay kaşığı karbonat
- 1 yemek kaşığı sirke
- ¼ çay kaşığı yenibahar
- 1 fincan çok amaçlı un
- ¼ su bardağı tam buğday unu veya beyaz tam buğday unu
- 1 çay kaşığı kabartma tozu
- ¾ bardak sütsüz süt veya normal süt
- 1 çay kaşığı öğütülmüş tarçın
- 1/8 çay kaşığı öğütülmüş hindistan cevizi
- ¼ bardak şekersiz elma püresi
- 1 organik yumurta, büyük
- ¼ çay kaşığı vanilya
- 1/3 bardak kuş üzümü
- 1 su bardağı havuç, rendelenmiş veya rendelenmiş
- ½ bardak fırınlanmış ceviz, kıyılmış
- ¼ bardak tereyağı, eritilmiş ve hafifçe soğutulmuş
- ¼ çay kaşığı tuz

TALİMATLAR:
a) Büyük boy bir karıştırma kabında yulafı süt, yoğurt ve sirkeyle birleştirin, malzemeleri iyice karıştırın ve yulaflar yumuşayana kadar bir saat bekletin.

b) Daha sonra yapışmaz muffin tepsisini hafifçe tereyağıyla kaplayın ve ardından fırınınızı önceden 375 F'ye ısıtın.

c) Unları yenibahar, kabartma tozu, hindistan cevizi, kabartma tozu, tarçın ve tuzla ayrı bir orta boy karıştırma kabında birleştirin.

ç) Yumurtayı vanilya, elma püresi, esmer şeker, tereyağı, kuş üzümü ve havuç ile yulaf karışımını içeren kasede karıştırın, malzemeleri iyice birleşene kadar bir çatal kullanarak karıştırmaya devam edin.

d) Kuru malzemeleri birlikte çırpın ve hazırlanan un karışımını bir elek veya elek kullanarak yavaş yavaş havuç karışımına eleyin.

Bittiğinde , malzemeleri birleşinceye kadar bir çatal kullanarak iyice karıştırın.
e) Bittiğinde hemen cevizleri ekleyin.
f) Hazırlanan muffin kalıbının yaklaşık ¾'ünü hazırlanan hamurla doldurun.
g) Önceden ısıtılmış fırında 15-20 dakika kürdan temiz çıkana kadar pişirin. Tamamen soğuması için tel ızgara üzerine bir kenara koyun. Servis yapın ve tadını çıkarın.

8.Öğle Yemeği Kutusu Ispanaklı Muffinler

İÇİNDEKİLER:

- 2 fincan çok amaçlı un
- 1 yemek kaşığı kabartma tozu
- ½ çay kaşığı tuz
- ½ çay kaşığı sarımsak tozu
- ¼ çay kaşığı karabiber
- 2 su bardağı taze ıspanak, doğranmış
- 1 bardak süt
- ¼ bardak tuzsuz tereyağı, eritilmiş
- 2 yumurta
- 1 su bardağı rendelenmiş kaşar peyniri

TALİMATLAR:

a) Fırınınızı önceden 375°F (190°C)'ye ısıtın ve muffin kalıbını kağıt astarlarla kaplayın veya yağlayın.
b) Büyük bir kapta un, kabartma tozu, tuz, sarımsak tozu ve karabiberi birlikte çırpın.
c) Bir blender veya mutfak robotunda doğranmış ıspanağı, sütü, eritilmiş tereyağını ve yumurtaları pürüzsüz hale gelinceye kadar karıştırın.
ç) Ispanak karışımını kuru malzemelerin bulunduğu kaseye dökün ve birleşene kadar karıştırın.
d) Rendelenmiş kaşar peynirini ekleyip karıştırın.
e) Hamuru muffin kaplarına eşit şekilde paylaştırın.
f) 15-18 dakika veya muffin ortasına batırılan kürdan temiz çıkana kadar pişirin.
g) Muffinleri beslenme çantasına koymadan önce soğumaya bırakın.

9. Streusel'li Mini Yaban Mersinli Muffinler

İÇİNDEKİLER:
KEKLER İÇİN:
- ¾ çay kaşığı ksantan sakızı
- 1 bardak yaban mersini, taze
- ¾ çay kaşığı karbonat
- ½ bardak) şeker
- 1 ½ su bardağı çok amaçlı pirinç unu karışımı, glutensiz
- ½ çay kaşığı glutensiz kabartma tozu
- 2 organik yumurta, büyük
- ¼ bardak eritilmiş hindistancevizi yağı
- ½ çay kaşığı öğütülmüş tarçın
- 1 su bardağı badem sütü
- ¼ çay kaşığı tuz

STRESEL İÇİN:
- 2 yemek kaşığı çok amaçlı pirinç unu karışımı, glutensiz
- ¼ bardak yulaf, glutensiz
- 1 çay kaşığı su
- ¼ bardak ceviz, doğranmış
- 1 yemek kaşığı hindistancevizi yağı
- 1/3 su bardağı açık kahverengi şeker

TALİMATLAR:
a) 24 mini muffin kabını hafifçe pişirme spreyi ile kaplayın ve ardından fırınınızı önceden 350 F'ye ısıtın.

b) Daha sonra tüm streusel malzemelerini orta boy bir karıştırma kabında iyice karışana kadar birleştirin, karışımı bir kenara koyun.

c) 1 ½ bardak un karışımını kabartma tozu, ksantan sakızı, kabartma tozu, tarçın ve tuzla büyük boyutlu bir karıştırma kabında birleştirin ve bir çırpma teli kullanarak iyice çırpın. Kalan malzemeleri ekleyin ve son olarak taze yaban mersinlerini ekleyin. Muffin kalıplarını hazırlanan hamurla eşit şekilde doldurun. Her bardağın üzerine bir çay kaşığı streusel ekleyin.

ç) Önceden ısıtılmış fırında kürdan temiz çıkana kadar 20-25 dakika kadar pişirin. Tel rafa aktarın ve 10 dakika soğumaya bırakın, servis yapın ve keyfini çıkarın.

10. Limoncellolu Muffinler

İÇİNDEKİLER:

- 2 fincan çok amaçlı un
- ½ bardak) şeker
- 1 yemek kaşığı kabartma tozu
- ¼ çay kaşığı tuz
- ½ su bardağı eritilmiş tereyağı
- ¾ bardak süt
- ¼ bardak Limoncello likörü
- 2 büyük yumurta
- 2 limonun kabuğu rendesi

TALİMATLAR:

a) Fırınınızı 190°C'ye (375°F) önceden ısıtın ve muffin kalıbını kağıt astarlarla kaplayın.
b) Büyük bir kapta un, şeker, kabartma tozu ve tuzu birleştirin.
c) Başka bir kapta eritilmiş tereyağı, süt, Limoncello, yumurta ve limon kabuğu rendesini birlikte çırpın.
ç) Islak malzemeleri kuru malzemelerin içine dökün ve birleşene kadar karıştırın.
d) Hamuru muffin kalıplarına eşit şekilde paylaştırın ve her birinin yaklaşık ¾'ünü doldurun.
e) 18-20 dakika veya ortasına batırdığınız kürdan temiz çıkana kadar pişirin.
f) Muffinlerin tavada birkaç dakika soğumasını bekleyin, ardından tamamen soğuması için tel rafa aktarın.

11.Mocha Muffinleri

İÇİNDEKİLER:

- 2 fincan çok amaçlı un
- ¾ su bardağı artı 1 yemek kaşığı şeker
- 2½ çay kaşığı kabartma tozu
- 1 çay kaşığı tarçın
- ½ çay kaşığı tuz
- 1 bardak süt
- 2 yemek kaşığı artı ½ çay kaşığı hazır kahve granülü, bölünmüş
- ½ su bardağı tereyağı, eritilmiş
- 1 yumurta, dövülmüş
- 1½ çay kaşığı vanilya özü, bölünmüş
- 1 su bardağı mini yarı tatlı çikolata parçacıkları, bölünmüş
- ½ bardak krem peynir, yumuşatılmış

TALİMATLAR:

a) Büyük bir kapta un, şeker, kabartma tozu, tarçın ve tuzu birlikte çırpın.
b) Süt ve 2 yemek kaşığı kahve granülünü ayrı bir kapta kahve eriyene kadar karıştırın.
c) Tereyağı, yumurta ve bir çay kaşığı vanilya ekleyin; iyice karıştırın. Sadece nemlendirilinceye kadar kuru malzemeleri karıştırın. ¾ bardak çikolata parçacıklarını katlayın.
ç) Yağlanmış veya kağıt serilmiş muffin kalıplarının ⅔'ünü doldurun. 375 derecede 17 ila 20 dakika pişirin. Tavalardan tel raflara çıkarmadan önce 5 dakika soğutun.
d) Krem peyniri ve kalan kahve granüllerini, vanilyayı ve çikolata parçacıklarını bir mutfak robotu veya blenderde birleştirin. İyice karışana kadar örtün ve işleyin.
e) Yanında soğuk olarak servis yapın.

12.Yabanmersinli Kupa Muffin

İÇİNDEKİLER:

- 4 yemek kaşığı çok amaçlı un
- 2 yemek kaşığı toz şeker
- ⅛ çay kaşığı kabartma tozu
- Bir tutam tuz
- 3 yemek kaşığı süt
- 1 yemek kaşığı bitkisel yağ
- ¼ çay kaşığı vanilya özü
- Bir avuç taze veya dondurulmuş yaban mersini

TALİMATLAR:

a) Mikrodalgaya dayanıklı bir kupada çok amaçlı un, toz şeker, kabartma tozu ve bir tutam tuzu birleştirin. Birleştirmek için iyice karıştırın.

b) Kupaya süt, bitkisel yağ ve vanilya özünü ekleyin. Hamur pürüzsüz hale gelinceye ve topak kalmayıncaya kadar karıştırın.

c) Taze veya dondurulmuş yaban mersini yavaşça hamurun içine katlayın ve her yere eşit şekilde dağıtın.

ç) Kupayı mikrodalgaya yerleştirin ve yüksek güçte yaklaşık 1-2 dakika veya muffin kabarıp ortasına yerleşene kadar pişirin. Tam pişirme süresi mikrodalga fırınınızın gücüne bağlı olarak değişebilir, bu nedenle dikkatli olun.

d) Kupayı mikrodalgadan dikkatlice çıkarın (sıcak olabilir) ve tadını çıkarmadan önce muffinin bir veya iki dakika soğumasını bekleyin.

e) Muffin'i doğrudan kupadan yiyebilir veya bir kaşık kullanarak bir tabağa veya kaseye aktarabilirsiniz.

f) İsteğe bağlı olarak, muffinlerin üzerine pudra şekeri serpebilir veya daha fazla tatlılık için üzerine pudra şekeri ve biraz sütten oluşan sır serpebilirsiniz.

g) Hala sıcak ve lezzetliyken ev yapımı Yaban Mersinli Muffin'inizin tadını hemen çıkarın!

13.Muzlu Fındıklı Kupa Muffin

İÇİNDEKİLER:

- 4 yemek kaşığı çok amaçlı un
- 2 yemek kaşığı toz şeker
- ¼ çay kaşığı kabartma tozu
- Bir tutam tuz
- ½ olgun muz, püresi
- 2 yemek kaşığı süt
- 1 yemek kaşığı bitkisel yağ
- 1 yemek kaşığı kıyılmış ceviz (isteğe bağlı)

TALİMATLAR:

a) Mikrodalgaya dayanıklı bir kupada un, şeker, kabartma tozu ve tuzu karıştırın.
b) Ezilmiş muz, süt ve bitkisel yağı ekleyin ve iyice birleşene kadar karıştırın. Kıyılmış cevizleri katlayın.
c) Yüksek güçte mikrodalgada 1-2 dakika veya muffin tamamen pişene kadar pişirin.

14.Ahududu Bademli Kupa Muffin

İÇİNDEKİLER:
- 4 yemek kaşığı çok amaçlı un
- 2 yemek kaşığı toz şeker
- ¼ çay kaşığı kabartma tozu
- Bir tutam tuz
- 2 yemek kaşığı süt
- 1 yemek kaşığı bitkisel yağ
- ¼ çay kaşığı badem özü
- Bir avuç taze veya dondurulmuş ahududu
- Üzeri için dilimlenmiş badem

TALİMATLAR:
a) Mikrodalgaya dayanıklı bir kupada un, şeker, kabartma tozu ve tuzu karıştırın.
b) Sütü, bitkisel yağı ve badem özünü ekleyin ve iyice birleşene kadar karıştırın.
c) Ahududuları yavaşça katlayın. Yüksek güçte mikrodalgada 1-2 dakika veya muffin tamamen pişene kadar pişirin.
ç) Dilimlenmiş badem serpin.

15. Hatmi Muffin Pufları

İÇİNDEKİLER:
- 1 tüp hilal rulo
- 8 şekerleme
- 3 yemek kaşığı tereyağı, eritilmiş
- 3 yemek kaşığı şeker
- 1 çay kaşığı tarçın

TALİMATLAR:
a) Fırını önceden 375 derece F'ye ısıtın. 8 muffin kalıbını yağlayın.
b) Küçük bir kapta tereyağını eritin.
c) Başka bir küçük kapta tarçın ve şekeri birleştirin.
ç) Marshmallow'u eritilmiş tereyağında yuvarlayın; daha sonra tarçın-şeker karışımına bulayın. Sıkıca kapattığınızdan emin olarak hilal şeklinde bir rulo üçgene sarın.
d) Bunları hazırlanmış bir tavaya yerleştirin. Altın kahverengi olana kadar 8-10 dakika pişirin.

16. Dalgona Muffinleri

İÇİNDEKİLER:

- 2 fincan çok amaçlı un
- ½ bardak) şeker
- 1 yemek kaşığı kabartma tozu
- ½ çay kaşığı tuz
- 1 bardak süt
- ½ su bardağı bitkisel yağ
- 2 yumurta
- 2 yemek kaşığı hazır kahve
- 2 yemek kaşığı sıcak su

TALİMATLAR:

a) Fırını önceden 375°F'ye (190°C) ısıtın ve muffin kalıbını kağıt astarlarla kaplayın.
b) Bir karıştırma kabında un, şeker, kabartma tozu ve tuzu birleştirin.
c) Ayrı bir kapta süt, bitkisel yağ ve yumurtaları çırpın.
ç) Islak malzemeleri yavaş yavaş kuru malzemelere ekleyin, birleşene kadar karıştırın.
d) Küçük bir kapta hazır kahve ve sıcak suyu köpürene kadar çırpın.
e) Kahve köpüğünü yavaşça hamurun içine katlayın.
f) Her muffin kabını yaklaşık ¾ oranında hamurla doldurun.
g) 18-20 dakika veya ortasına batırdığınız kürdan temiz çıkana kadar pişirin.
ğ) Servis yapmadan önce muffinlerin soğumasını bekleyin.
h) Kahvaltı ikramı veya atıştırmalık olarak enfes Dalgona keklerinin tadını çıkarın!

17. Yabanmersinli Avokado Mini Muffinler

İÇİNDEKİLER:
- 1 fincan çok amaçlı un
- ½ bardak yulaf
- ½ bardak) şeker
- 1 ½ çay kaşığı kabartma tozu
- ¼ çay kaşığı tuz
- 1 olgun avokado, püresi
- ½ bardak süt
- 1 büyük yumurta
- 1 çay kaşığı vanilya özü
- 1 su bardağı taze veya dondurulmuş yaban mersini

TALİMATLAR:
a) Fırınınızı önceden 190°C'ye (375°F) ısıtın ve mini muffin kalıbını kağıt astarlarla kaplayın veya yağlayın.
b) Büyük bir kapta un, yulaf, şeker, kabartma tozu ve tuzu birlikte çırpın.
c) Ayrı bir kapta ezilmiş avokado, süt, yumurta ve vanilya özünü karıştırın.
ç) Islak malzemeleri kuru malzemelere ekleyin ve birleşene kadar karıştırın.
d) Yaban mersini yavaşça katlayın.
e) Hamuru mini muffin kalıplarına, her biri yaklaşık dörtte üçünü dolduracak şekilde kaşıkla dökün.
f) 12-15 dakika veya muffin ortasına batırılan kürdan temiz çıkana kadar pişirin.
g) Mini kekleri beslenme çantasına koymadan önce soğumaya bırakın.

18.Öğle Yemeği Kutusu Mini Yumurtalı Muffinler

İÇİNDEKİLER:
- 6 yumurta
- ¼ bardak süt
- ½ su bardağı rendelenmiş kaşar peyniri
- ¼ bardak doğranmış sebzeler (biber, ıspanak, mantar vb.)
- Tatmak için biber ve tuz

TALİMATLAR:

a) Fırını önceden 350°F (175°C)'ye ısıtın ve mini muffin kalıbını yağlayın.
b) Bir kapta yumurtaları, sütü, tuzu ve karabiberi birlikte çırpın.
c) Peyniri ve doğranmış sebzeleri karıştırın.
ç) Karışımı hazırlanan muffin kalıbına dökün, her bardağın yaklaşık üçte ikisini doldurun.
d) 12-15 dakika veya muffinler sertleşip hafifçe altın rengi oluncaya kadar pişirin.
e) Beslenme çantasına koymadan önce soğumalarını bekleyin.

19.Oreolu kekler

İÇİNDEKİLER:

- 1¾ bardak Çok amaçlı un
- ½ bardak) şeker
- 1 yemek kaşığı kabartma tozu
- ½ çay kaşığı Tuz
- ¾ bardak Süt
- ⅓ bardak Ekşi krema
- 1 yumurta
- ¼ su bardağı eritilmiş margarin
- 20 Oreo çikolatalı sandviç kurabiyesi, kabaca

TALİMATLAR:

a) Orta boy bir kapta un, şeker, kabartma tozu ve tuzu birleştirin ve bir kenara koyun.
b) Küçük bir kapta sütü, ekşi kremayı ve yumurtayı birleştirin ve karışıncaya kadar margarinli un karışımına karıştırın.
c) Çerezleri yavaşça karıştırın.
ç) Hamuru 12 adet yağlanmış 2½ inçlik çörek tepsisi kabına kaşıkla dökün.
d) 20 ila 25 dakika boyunca 400F'de pişirin.
e) Tavadan alıp tel ızgara üzerinde soğutun. Sıcak veya soğuk servis yapın.

20.Yulaflı Yoğurtlu Muffinler

İÇİNDEKİLER:

- 2¼ su bardağı yulaf unu
- 1 yemek kaşığı kabartma tozu
- ¾ çay kaşığı tuz
- ½ bardak kuru tatlandırıcı
- ⅔ bardak şekersiz bitki bazlı süt
- ½ bardak şekersiz elma püresi
- ½ bardak şekersiz sade soya yoğurdu
- 2 çay kaşığı saf vanilya özü
- 1¼ bardak çilek (yaban mersini, ahududu veya böğürtlen gibi), yarıya bölünmüş

TALİMATLAR:

a) Fırını önceden 350°F'ye ısıtın. 12 fincanlık muffin tepsisini silikon astarlarla kaplayın veya yapışmaz veya silikon muffin tepsisini hazırlayın (önerilere bakın).

b) Orta boy bir karıştırma kabında un, kabartma tozu, tuz ve kuru tatlandırıcıyı birlikte eleyin. Ortasını havuz gibi açın ve bitki bazlı sütü, elma püresini, yoğurdu ve vanilyayı dökün. Islak malzemeleri kuyucukta karıştırın. Daha sonra ıslak ve kuru malzemeleri, kuru malzemeler nemlenene kadar karıştırın (fazla karıştırmayın). Çilekleri katlayın.

c) Her muffin kabını ¾ oranında doldurun ve 22 ila 26 dakika pişirin. Ortasından geçirilen bıçak temiz çıkmalıdır.

ç) Muffinlerin yaklaşık 20 dakika boyunca tamamen soğumasını bekleyin, ardından çıkarmak için her bir muffinin kenarlarından dikkatlice bir bıçak geçirin.

21.Prosciutto Sarılmış Mini Frittata Muffinler

İÇİNDEKİLER:

- 4 yemek kaşığı yağ
- ½ orta boy soğan, ince doğranmış
- 3 diş sarımsak, kıyılmış
- Yarım kilo cremini mantarı, ince dilimlenmiş
- Yarım kilo dondurulmuş ıspanak, çözülmüş ve sıkılmış
- 8 büyük yumurta
- ¼ bardak hindistan cevizi sütü
- 2 yemek kaşığı hindistan cevizi unu
- 1 su bardağı kiraz domates, ikiye bölünmüş
- 5 ons Prosciutto di Parma
- Kaşer tuzu
- Taze kara biber
- Normal 12 fincanlık muffin kalıbı

TALİMATLAR:

a) Fırını önceden 375°F'ye ısıtın.
b) Hindistan cevizi yağının yarısını büyük bir dökme demir tavada orta ateşte ısıtın ve soğanları yumuşak ve yarı saydam hale gelinceye kadar soteleyin.
c) Sarımsakları ve mantarları ekleyin ve mantarın nemi buharlaşana kadar pişirin. Daha sonra dolguyu tuz ve karabiberle tatlandırın ve bir tabağa kaşıkla oda sıcaklığına soğumaya bırakın.
ç) Hamur için, yumurtaları hindistancevizi sütü, hindistancevizi unu, tuz ve karabiber ile geniş bir kapta iyice karışana kadar çırpın. Daha sonra sotelenmiş mantarları ve ıspanakları ekleyip karıştırarak pişirin.
d) Eritilmiş hindistancevizi yağının geri kalanını muffin kalıbına fırçalayın ve her bardağın altını ve yanlarını tamamen kaplayacak şekilde prosciutto ile kaplayın.
e) Muffinleri fırında yaklaşık 20 dakika kadar pişirin.

RULO

22.Portakallı Kahve Ruloları

İÇİNDEKİLER:
- 1 zarf aktif kuru maya
- ¼ bardak ılık su
- 1 su bardağı şeker, bölünmüş
- 2 yumurta, dövülmüş
- ½ bardak ekşi krema
- ¼ bardak artı 2 yemek kaşığı tereyağı, eritilmiş ve bölünmüş
- 1 çay kaşığı tuz
- 2¾ ila 3 bardak çok amaçlı un
- 1 su bardağı hindistan cevizi, kızartılmış ve bölünmüş
- 2 Yemek kaşığı portakal kabuğu rendesi

SIR:
- ¾ su bardağı şeker
- ½ bardak ekşi krema
- ¼ fincan tereyağı
- 2 çay kaşığı portakal suyu

TALİMATLAR:

a) Mayayı ve ılık suyu (110 ila 115 derece) büyük bir kapta birleştirin; 5 dakika bekletin. ¼ su bardağı şeker, yumurta, ekşi krema, ¼ su bardağı tereyağı ve tuz ekleyin; Harmanlanana kadar elektrikli bir karıştırıcı ile orta hızda çırpın.

b) Yumuşak bir hamur elde etmek için yeterli miktarda unu yavaş yavaş karıştırın. Hamuru iyice unlanmış bir yüzeye açın; Pürüzsüz ve elastik hale gelinceye kadar yoğurun (yaklaşık 5 dakika).

c) İyice yağlanmış bir kaseye yerleştirin, üstü yağlanacak şekilde çevirin. Üzerini örtün ve hava akımı olmayan sıcak bir yerde (85 derece) 1½ saat veya hacmi iki katına çıkana kadar mayalanmaya bırakın.

ç) Hamuru aşağıya doğru bastırın ve ikiye bölün. Hamurun bir kısmını 12 inçlik bir daireye yuvarlayın; bir yemek kaşığı eritilmiş tereyağını fırçayla sürün.

d) Kalan şekeri, hindistan cevizini ve portakal kabuğu rendesini birleştirin; Hindistan cevizi karışımının yarısını hamurun üzerine serpin. 12 parçaya bölün; Geniş bir uçtan başlayarak her takozu yuvarlayın.

e) Yağlanmış 13 "x9" fırın tepsisine, tarafı aşağı bakacak şekilde yerleştirin. Kalan hamur, tereyağı ve hindistan cevizi karışımıyla aynı işlemi tekrarlayın.

f) Üzerini örtün ve hava akımı olmayan sıcak bir yerde 45 dakika veya hacmi iki katına çıkana kadar mayalanmaya bırakın. Altın rengi olana kadar 25 ila 30 dakika boyunca 350 derecede pişirin. (Gerekirse aşırı kızarmayı önlemek için 15 dakika sonra alüminyum folyoyla örtün.) Sıcak kaşıkla Sıcak ruloların üzerine sürün; kalan hindistan cevizini serpin.

SIR:

g) Tüm malzemeleri küçük bir tencerede birleştirin; kaynatın. Ara sıra karıştırarak 3 dakika kaynatın.

ğ) Hafifçe soğumaya bırakın.

23.Pembe Limonata Tarçın ruloları

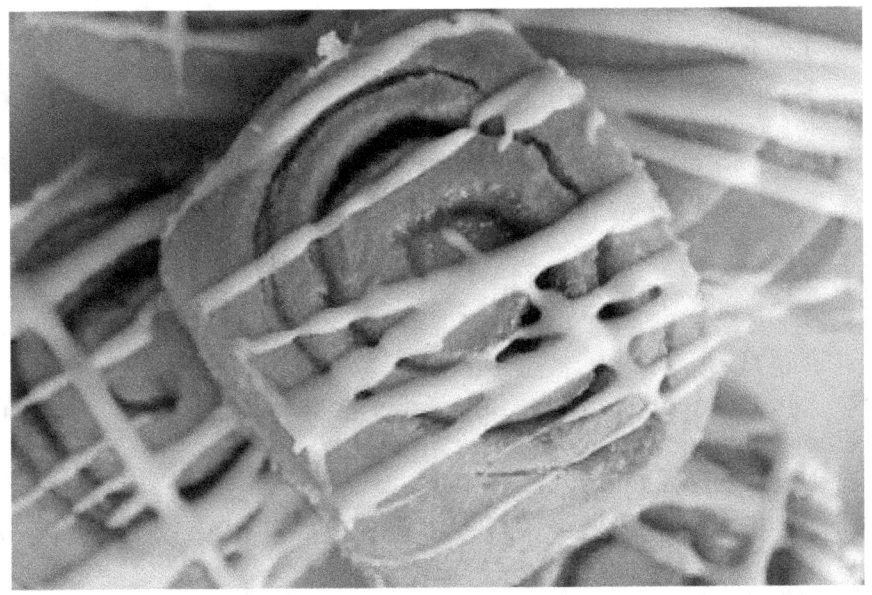

İÇİNDEKİLER:

- 375 ml pembe limonata
- 300 ml krema
- 4 su bardağı kendiliğinden kabaran un
- 50 gr eritilmiş tereyağı
- ¼ bardak şeker
- 1 çay kaşığı öğütülmüş tarçın
- Kaplamak için ½ su bardağı sade un
- ½ limon suyu
- 2 su bardağı pudra şekeri

TALİMATLAR:

a) Kendiliğinden kabaran unu geniş bir kaseye koyun, kremayı ve pembe limonatayı dökün ve birleşene kadar karıştırın.
b) Unlu bir masanın üzerine çıkın.
c) Hafifçe yoğurun ve yaklaşık 1 cm kalınlığında büyük bir dikdörtgen şeklinde bastırın veya yuvarlayın.
ç) Eritilmiş tereyağını fırçayla sürün ve üzerine şeker ve tarçın serpin.
d) İki kütük oluşturmak için kenardan ortasına doğru yuvarlayın. İki kütük yapmak için ortayı kesin.
e) 1 cm'lik daireler halinde kesin.
f) 220C'de 10 dakika pişirin.
g) Pudra şekerini limon suyuyla karıştırın. Parşömenlerin üzerine gezdirin.

24.Çikolatalı Oreo Tarçınlı Rulolar

İÇİNDEKİLER:

TARÇINLI RULO HAMUR
- ¼ bardak ılık su
- 2 yemek kaşığı esmer şeker
- 2¼ çay kaşığı anlık maya
- 2 ¾ su bardağı çok amaçlı un
- 2 yemek kaşığı toz şeker
- ½ çay kaşığı tuz
- 3 yemek kaşığı tuzsuz tereyağı, eritilmiş
- ½ bardak tercih edilen süt
- 1 büyük yumurta

OREO TARÇINLI RULO ÇİKOLATA DOLGU
- ¼ fincan kakao tozu
- ⅔ bardak tercih edilen süt
- 1 ½ su bardağı bitter çikolata parçacıkları
- 3 yemek kaşığı tuzsuz tereyağı
- 24 Oreo, ezilmiş
- 1 tutam deniz tuzu
- Krem Peynir Sır

TALİMATLAR:

HAMUR

a) Küçük bir karıştırma kabında ılık su, esmer şeker ve mayayı birlikte çırpın.
b) Temiz bir mutfak havlusuyla örtün ve aktive olması için bir kenara koyun. Karışımın yüzeyinde küçük kabarcıklar göründüğünde mayanızın aktive olduğunu bileceksiniz.
c) Ayrı büyük bir karıştırma kabında un, şeker, tuz, tereyağı, süt ve yumurtayı karıştırın.
ç) Mayanız aktif hale geldikten sonra diğer malzemelerle birlikte büyük karıştırma kabına ekleyin ve bir araya gelinceye kadar karıştırın.
d) Temiz, düz bir yüzeyi unla kaplayın ve unla kaplı ellerinizi kullanarak hamurunuzu 3 dakika yoğurun. Hamurunuz ele yapışan bir hamur olacak, ihtiyaç oldukça ellerinize ve yüzeye un eklemeye devam edin.

e) Hamurunuzu tekrar kaseye koyun ve üzerini temiz bir mutfak havlusuyla örterek yaklaşık on dakika kadar kabarmasını bekleyin.

DOLGU

f) Mikrodalgaya dayanıklı büyük bir kaseye süt, kakao tozu, bitter çikolata parçacıkları ve tereyağı ekleyin. Mikrodalgada çikolata parçacıkları eriyene kadar 1,5-2 dakika yüksek ayarda pişirin. Pürüzsüz olana kadar çırpın. Bir çimdik tuz ekle.

g) Oreolarınızı mutfak robotunda ince toz haline gelinceye kadar ezin.

ğ) Hamurunuzun boyutu iki katına çıktığında, yüzeye daha fazla un ekleyin ve hamuru yaklaşık 9 x 12 inç boyutunda dikdörtgen bir şekle getirmek için unlanmış bir oklava kullanın.

h) Oreo çikolatalı dolgunuzu hamurunuzun üzerine dökün ve bir spatula kullanarak her tarafta yaklaşık ½ inçlik bir kenar boşluğu bırakarak yüzeye eşit şekilde yayın. Üzerine ezilmiş oreoları kalın bir tabaka halinde serpin.

ı) Kısa taraftan çalışarak, yaklaşık 12 inç uzunluğunda bir silindir kalana kadar hamurunuzu kendinizden sıkıca yuvarlamaya başlamak için iki elinizi kullanın.

i) 6 ayrı tarçınlı rulo oluşturmak için silindirinizi yaklaşık 2 inç genişliğinde 6 eşit parçaya bölün.

j) Tarçın rulolarınızı 11,5 inçlik kare bir pişirme kabına ekleyin ve her rulo arasında yaklaşık bir inç boşluk bırakın.

k) Temiz bir mutfak havlusuyla örtün ve ruloların yaklaşık 90 dakika veya boyutları iki katına çıkana kadar dinlenmesine izin verin.

l) Fırınınızı önceden 375°F'ye ısıtın ve rulolarınızın üstleri altın rengi kahverengi olana kadar 25-30 dakika pişirin.

m) Kremayı eklemeden önce Oreo Tarçınlı Rulolarınızın yaklaşık 10 dakika soğumasını bekleyin. Eğlence!

25.Kırmızı Kadife Tarçınlı Rulolar

İÇİNDEKİLER:
TARÇINLI RULOLAR İÇİN
- 4½ çay kaşığı kuru maya
- 2-½ su bardağı ılık su
- 15.25 ons Kırmızı Kadife kek karışımı kutusu
- 1 çay kaşığı vanilya özü
- 1 çay kaşığı tuz
- 5 su bardağı çok amaçlı un

TARÇIN ŞEKER KARIŞIMI İÇİN
- 2 su bardağı paketlenmiş esmer şeker
- 4 yemek kaşığı öğütülmüş tarçın
- ⅔ bardak tereyağı yumuşatılmış

KREM PEYNİR SOSU İÇİN
- Her biri 16 ons krem peynir, yumuşatılmış
- ½ su bardağı yumuşatılmış tereyağı
- 2 su bardağı pudra şekeri
- 1 çay kaşığı vanilya özü

TALİMATLAR:

a) Büyük bir karıştırma kabında maya ve suyu eriyene kadar birleştirin.
b) Kek karışımını, vanilyayı, tuzu ve unu ekleyin. İyice karıştırın - hamur biraz yapışkan olacaktır.
c) Kaseyi plastik ambalajla sıkıca kapatın. Hamuru bir saat kadar mayalanmaya bırakın. Hamuru yumruklayın ve 45 dakika daha tekrar yükselmesine izin verin.
ç) Hafifçe unlanmış bir yüzeyde, hamuru yaklaşık ¼ inç kalınlığında büyük bir dikdörtgen şeklinde yuvarlayın. Tereyağını hamurun her yerine eşit şekilde dağıtın.
d) Orta boy bir kapta esmer şekeri ve tarçını birleştirin. Esmer şeker karışımını tereyağının üzerine serpin.
e) Uzun kenarından başlayarak jöle gibi sarın. 24 eşit parçaya bölün.
f) İki adet 9x13 inçlik fırın tepsisini yağlayın. Tarçınlı rulo dilimlerini tavalara dizin. Üzerini örtüp ılık bir yerde hacmi iki katına çıkana kadar mayalandırın.
g) Fırını 350°F'ye önceden ısıtın.
ğ) 15-20 dakika veya tamamen pişene kadar pişirin.
h) Tarçınlı rulolar pişerken, krem peyniri ve tereyağını orta boy bir karıştırma kabında krema kıvamına gelinceye kadar krema haline getirerek krem peynir kremasını hazırlayın. Vanilyayı karıştırın. Yavaş yavaş pudra şekerini ekleyin.

26.Gecelik Karamelli Cevizli Rulolar

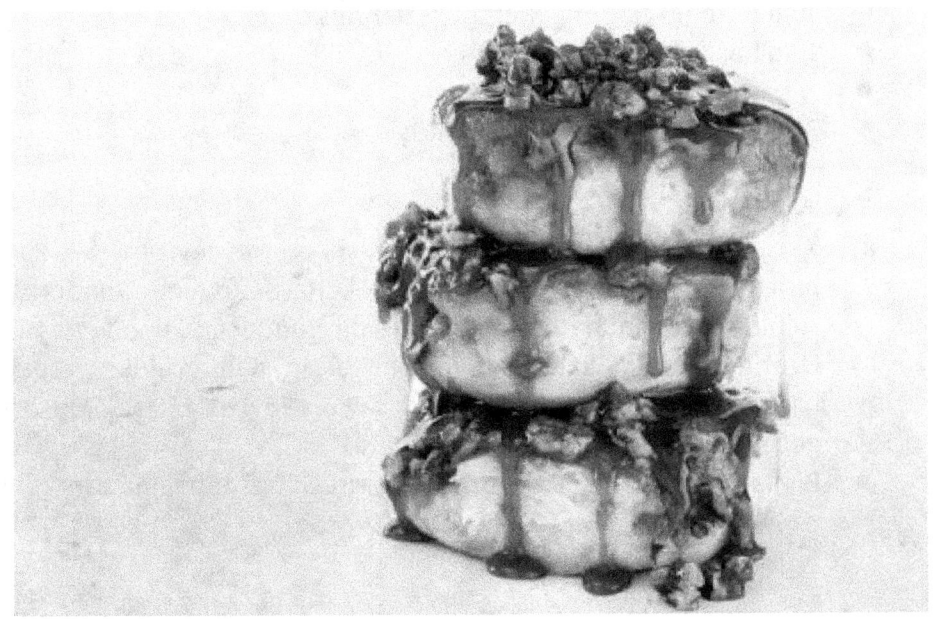

İÇİNDEKİLER:

- 23,4 onsluk hazır tereyağlı puding karışımı paketleri
- 1 su bardağı esmer şeker, paketlenmiş
- 1 su bardağı kıyılmış ceviz
- ½ bardak soğutulmuş tereyağı
- 36 dondurulmuş rulo, bölünmüş

TALİMATLAR:

a) Kuru puding karışımlarını, esmer şekeri ve cevizleri bir kasede birleştirin. Tereyağını kesin; bir kenara koyun. Dondurulmuş ruloların yarısını hafifçe yağlanmış bir Bundt tepsisine yerleştirin.
b) Üzerine pudingli karışımın yarısını serpin. Kalan rulolar ve puding karışımı ile katmanlamayı tekrarlayın. Gevşek bir şekilde örtün; gece boyunca buzdolabında bekletin.
c) Bir saat boyunca 350 derecede pişirin. Servis tabağına ters çevirin.

27.Patatesli tarçınlı rulolar

İÇİNDEKİLER:
- 1 kilo patates, haşlanmış ve ezilmiş
- 2 su bardağı Süt
- 1 bardak Tereyağı
- 1 su bardağı artı 2 çay kaşığı şeker
- ¾ çay kaşığı Kakule tohumu
- 1 çay kaşığı Tuz
- 2 paket Kuru maya
- ½ su bardağı ılık su
- 8½ su bardağı elenmemiş un
- 2 yumurta
- 2 çay kaşığı Vanilya

TARÇIN DOLGU
- ¾ bardak Şeker
- ¾ su bardağı esmer şeker
- 2 çay kaşığı Tarçın

Fındık Sır
- 3 su bardağı Pudra şekeri
- ½ su bardağı kıyılmış fındık
- ¼ çay kaşığı Tarçın
- 2 çay kaşığı Tereyağı
- 4 ila 5 çay kaşığı su

TALİMATLAR:

a) Patatesleri ve sütü pürüzsüz hale gelinceye kadar karıştırın. Yarım su bardağı tereyağı, 1 su bardağı şeker ve tuzu ekleyin. Ilık olana kadar ısıtın.

b) Büyük bir kapta maya, su ve kalan 2 çay kaşığı şekeri birleştirin. Köpürene kadar bekletin.

c) Patates karışımını, 4 su bardağı unu, yumurtaları ve vanilyayı ekleyin.

ç) Pürüzsüz olana kadar çırpın. Yavaş yavaş ilave 3½ ila 4 bardak unu ilave edin. Hamuru çok unlanmış bir tahta üzerinde çevirin ve pürüzsüz ve elastik hale gelinceye kadar 15 dakika yoğurun.

d) Gerekirse daha fazla un ekleyin. 1 ½ saat mayalanmaya bırakın.

e) Kabarcıkları gidermek için yumruk atın, diz çökün. Bölmek. Kalan tereyağını eritin. Hamurun her bir kısmını 5x18 dikdörtgen şeklinde yuvarlayın. Üzerine 3 çay kaşığı tereyağı sürün ve tarçın dolgusunun yarısını serpin.

f) Topla. 1 ½ inç genişliğinde 12 parça halinde kesin. 9x13 inçlik bir tavaya yerleştirin, üzerine tereyağı sürün ve 35-40 dakika bekletin. 350 derecede 30 dakika pişirin.

28.Krem şanti cevizli tarçınlı rulolar

İÇİNDEKİLER:

- 1 su bardağı krem şanti
- 1½ bardak Çok amaçlı un
- 4 çay kaşığı Kabartma tozu
- ¾ çay kaşığı Tuz
- 2 yemek kaşığı eritilmiş tereyağı veya margarin
- Tarçın ve şeker
- ½ su bardağı açık kahverengi şeker
- ½ bardak Ceviz, doğranmış
- 2 yemek kaşığı krem şanti veya buharlaştırılmış süt

TALİMATLAR:

a) Orta boy bir karıştırma kabında kremayı yumuşak tepeler oluşuncaya kadar çırpın. Unu, kabartma tozunu ve tuzu yavaşça ekleyerek hamur kıvamına gelene kadar karıştırın. Hafifçe unlanmış bir tahta üzerinde 10 ila 12 kez yoğurun. 1/4 "kalınlığında bir dikdörtgene doğru açın.

b) Eritilmiş tereyağını tüm yüzeye yayın. Tercih ettiğiniz miktarda tarçın ve şekeri serpin. Jöle rulosu gibi yuvarlayın: Uzun uçtan başlayarak. ¾ inçlik parçalar halinde kesin. Yağlanmış bir fırın tepsisine yerleştirin ve 425F'de 10-15 dakika veya çok hafif kızarana kadar pişirin.

c) Küçük bir kapta esmer şekeri, cevizleri ve 2 yemek kaşığı kremayı iyice karışana kadar karıştırın. Ruloları fırından çıkarın. Her rulonun üzerine dolguyu yayın. Fırına geri dönün ve üst kısım kabarcıklanmaya başlayıncaya kadar yaklaşık 5 dakika pişirin.

29.Elma soslu tarçınlı rulolar

İÇİNDEKİLER:
- 1 yumurta
- 4 su bardağı çok amaçlı un
- 1 paket aktif kuru maya
- ¾ bardak elma püresi
- ½ su bardağı yağsız süt
- 2 Yemek kaşığı toz şeker
- 2 Yemek kaşığı tereyağı
- ½ çay kaşığı tuz

DOLGU:
- ¼ bardak elma püresi
- ⅓ su bardağı toz şeker
- 2 çay kaşığı öğütülmüş tarçın
- 1 su bardağı şekerleme şekeri
- ½ çay kaşığı vanilya özü
- 1 Yemek kaşığı yağsız süt

TALİMATLAR:
a) Fırını önceden 375 derece F'ye ısıtın. İki adet 8 veya 9 inçlik yuvarlak tavaya pişirme spreyi püskürtün.

b) Büyük bir karıştırma kabında 1½ c'yi birleştirin. çok amaçlı un ve maya. Küçük bir tencerede ¾ c. Mott's Doğal Elma Sosu, yağsız süt, 2 yemek kaşığı şeker, tereyağı ve tuz. Orta ateşte ısıtın ve 120 derece F'ye ulaşana kadar karıştırın.

c) Hamuru hafifçe unlanmış bir yüzeye çevirin. Pürüzsüz ve elastik orta derecede yumuşak bir hamur elde etmek için ¼ c'ye kadar kalan unu yoğurun.

ç) Hamuru top haline getirin. Hamuru hafifçe pişirme spreyi sıkılmış bir kaseye yerleştirin.

d) Hamuru yumruklayın ve hafifçe unlanmış bir yüzeye çevirin. Üzerini örtüp 10 dakika dinlenmeye bırakın. Hafifçe unlanmış bir yüzeyde hamuru 12 inç kareye kadar yuvarlayın. ¼ c yayıldı. Mott'un Doğal Elma Sosu. ⅓ c'yi birleştir. şeker ve tarçın; hamurun üzerine serpin.

e) Her tavaya 6 ruloyu kesilmiş tarafı aşağı gelecek şekilde yerleştirin. Örtün ve ılık bir yerde neredeyse iki katına çıkana kadar, yaklaşık 30 dakika mayalanmaya bırakın.

f) 20 ila 25 dakika veya altın rengi oluncaya kadar pişirin. 5 dakika soğutun. Servis tabağına ters çevirin. Şekerleme şekeri, vanilya ve yağsız süt karışımını gezdirin. Sıcak servis yapın.

30.Portakallı tarçınlı rulolar

İÇİNDEKİLER:

- 1 pound Dondurulmuş ekmek hamuru; çözülmüş
- 3 yemek kaşığı Un
- 2 yemek kaşığı Şeker
- 1 çay kaşığı Tarçın
- ½ su bardağı pudra şekeri
- ½ çay kaşığı rendelenmiş portakal kabuğu
- 3 çay kaşığı Portakal suyu
- Bitkisel yağ spreyi

TALİMATLAR:

a) Fırını 375°'ye önceden ısıtın. Çözülmüş ekmek hamurunu hafifçe unlanmış bir yüzeye 12x8 inçlik bir dikdörtgen şeklinde yuvarlayın.

b) Hamuru bitkisel yağ spreyi ile cömertçe püskürtün. Şekeri tarçınla karıştırın ve hamurun üzerine eşit şekilde serpin. Hamuru uzun ucundan başlayarak yuvarlayın.

c) Dikişi kapatın ve hamuru her biri 1 inç olmak üzere 12 parçaya bölün.

ç) 9 inçlik yuvarlak bir fırın tepsisine hafifçe pişirme spreyi püskürtün. Hamur parçalarını, ek yeri tavanın altına doğru olacak şekilde tavaya yerleştirin.

d) Üstüne bir miktar pişirme spreyi sıkın; örtün ve yaklaşık 30 dakika boyunca neredeyse iki katına çıkana kadar sıcak bir yerde mayalanmaya bırakın.

e) Ruloları hafifçe kızarıncaya kadar 20-25 dakika pişirin. Hafifçe soğutun ve tavadan çıkarın.

f) Rulolar soğurken pudra şekeri, portakal kabuğu ve suyunu karıştırarak glazürü hazırlayın.

g) Rulonun üzerine gezdirip sıcak olarak servis yapın.

BİSKÜVİ

31.tatlı patates bisküvileri

İÇİNDEKİLER:

- 2 su bardağı kendiliğinden kabaran un
- 1 yemek kaşığı toz şeker
- ½ çay kaşığı tartar kreması
- ⅛ çay kaşığı koşer tuzu
- ½ bardak (1 çubuk) soğuk tuzsuz tereyağı, rendelenmiş (peynir rendesi ile), ayrıca pişmiş bisküvilerin üzerine biraz daha eklenir
- ½ su bardağı tatlı patates püresi
- ¾ bardak ayran, soğuk
- Yağlama için bitkisel yağ

TALİMATLAR

a) Fırını 400 derece F'ye önceden ısıtın.
b) Büyük bir karıştırma kabında veya stand mikserinin kasesinde un, şeker, tartar kreması ve tuzu birleştirin. Malzemeleri iyice birleşene kadar eleyin veya çırpın. Tereyağını ve patates püresini ekleyin ve el tipi veya stand mikseri kullanarak orta hızda yaklaşık 2 dakika karıştırın. Mikseri orta hızda çalıştırarak yavaş yavaş ayranı dökmeye başlayın. Birleştirilene kadar karıştırın.
c) Hamur oluştuktan sonra kaseden çıkarın ve hafifçe unlanmış bir yüzey üzerinde oklava kullanarak biraz düzleştirin (yaklaşık 1½ inç kalınlığında olduğundan emin olun). Hamuru 10 veya 12 parçaya bölün.
ç) 9 x 13 inçlik bir pişirme kabını hafifçe yağlayın ve bisküvileri, her bisküvi arasında küçük bir boşluk bırakarak tabağa yerleştirin. Hamurun güzel ve soğuk olması için bisküvileri 10 dakika buzdolabına koyun.
d) Buzdolabından çıkarın ve bisküvileri 12 ila 15 dakika veya kahverengileşene kadar pişirin. Bittikten sonra bisküvilerin üzerine henüz sıcakken tereyağı sürün. Servis yapın ve tadını çıkarın!

32.Tereyağlı bisküvi

İÇİNDEKİLER:

- 2 fincan çok amaçlı un
- 2 çay kaşığı kabartma tozu
- 1/2 çay kaşığı karbonat
- 1/2 çay kaşığı tuz
- 1/2 bardak soğuk tuzsuz tereyağı, küp şeklinde
- 3/4 bardak ayran
- 2 yemek kaşığı eritilmiş tereyağı (fırçalamak için)

TALİMATLAR:

a) Fırını önceden 450°F'ye (230°C) ısıtın. Fırın tepsisini parşömen kağıdıyla kaplayın.
b) Büyük bir kapta un, kabartma tozu, kabartma tozu ve tuzu birlikte çırpın.
c) Soğuk küp küp tereyağını un karışımına ekleyin. Karışım iri kırıntılara benzeyene kadar parmaklarınızı veya bir pasta kesiciyi kullanarak tereyağını unun içine doğru kesin.
ç) Karışımın ortasını havuz gibi açın ve ayranı dökün. Birleşinceye kadar karıştırın. Fazla karıştırmamaya dikkat edin.
d) Hamuru hafifçe unlanmış bir yüzeye açın. Hamuru bir araya getirmek için birkaç kez hafifçe yoğurun.
e) Hamuru 1/2 inç kalınlığa kadar açın. Yuvarlak bir bisküvi kesici kullanarak bisküvileri kesin ve hazırlanan fırın tepsisine yerleştirin.
f) Bisküvilerin üst kısımlarını eritilmiş tereyağı ile yağlayın.
g) 10-12 dakika veya bisküviler altın rengi kahverengi olana kadar pişirin.
ğ) Fırından çıkarın ve servis yapmadan önce birkaç dakika soğumasını bekleyin.

33. Pepperoni ve Cheddar Kahvaltı Bisküvisi

İÇİNDEKİLER:

- 2 su bardağı bisküvi karışımı (mağazadan satın alınan veya ev yapımı)
- ⅔ bardak süt
- ½ bardak doğranmış pepperoni
- ½ su bardağı rendelenmiş kaşar peyniri

TALİMATLAR:

a) Fırını bisküvi karışımı talimatlarına göre önceden ısıtın.
b) Bir kapta bisküvi karışımını, sütü, doğranmış pepperoniyi ve rendelenmiş kaşar peynirini birleştirin.
c) Bir kaşık dolusu hamurdan fırın tepsisine dökün.
ç) Bisküviler altın rengi kahverengi olana kadar bisküvi karışımı talimatlarına göre pişirin.

34.Mürver Çiçeğinin Erime Anları

İÇİNDEKİLER:
BİSKÜVİLER İÇİN:
- 200g Yumuşak Tereyağı
- ¾ bardak Pudra Şekeri
- ½ çay kaşığı Kabartma Tozu
- 1 su bardağı Mısır unu
- 1 su bardağı Sade Un

BUZLANMA İÇİN:
- 2 çay kaşığı Yumuşak Tereyağı
- 1 çay kaşığı Mürver Çiçeği Şurubu (Monin)
- 1 su bardağı Pudra Şekeri

TALİMATLAR:
a) Fırınınızı önceden 180°C'ye ısıtın.
b) Bir karıştırma kabında yumuşak tereyağını ve pudra şekerini, karışım beyazlaşıncaya kadar krema haline getirin.
c) Sade unu, mısır ununu ve kabartma tozunu eleyin ve ardından bu kuru malzemeleri kremalı tereyağı-şeker karışımına karıştırın.
ç) Hamuru küçük toplar halinde yuvarlayıp yağlanmış fırın tepsisine dizin. Her topa çatalın dişleriyle hafifçe bastırın.
d) Bisküvileri 15-20 dakika veya hafif altın rengi oluncaya kadar pişirin.
e) Bisküviler pişerken kremayı hazırlayın. Yumuşak tereyağını mürver çiçeği şurubuyla karıştırın. Pudra şekerini eleyin ve tereyağı-şurup karışımına ekleyin. Pürüzsüz bir macun elde etmek için yeterli miktarda kaynar su ekleyin.
f) Bisküviler pişip soğuduktan sonra yarısına kremayı sürün.
g) Bir sandviç oluşturmak için her buzlu bisküvinin üstüne başka bir bisküvi koyun.
ğ) Bu tarif, 12 lezzetli Mürver Çiçeği Erime Anı sağlar. Eğlence!

35.Köy Jambonlu Bisküvi

İÇİNDEKİLER:

- 2 su bardağı kendiliğinden kabaran un
- ½ bardak artı 3 yemek kaşığı tereyağı, bölünmüş
- 1 bardak pişmiş jambon, öğütülmüş
- 1½ su bardağı rendelenmiş keskin kaşar peyniri
- ¾ su bardağı artı 2 yemek kaşığı ayran

TALİMATLAR:

a) Bir kaseye un ekleyin. Karışım iri kırıntılara benzeyene kadar ½ fincan tereyağını bir pasta kesici veya çatalla kesin. Jambon ve peyniri karıştırın.
b) Ayranı ekleyin; nemli bir hamur oluşana kadar çatalla karıştırın.
c) Hafifçe yağlanmış fırın tepsisine çay kaşığı dolusu hamurdan parçalar halinde dökün.
ç) Hafifçe altın rengi oluncaya kadar 10 ila 13 dakika boyunca 450 derecede pişirin.
d) Kalan tereyağını eritip sıcak bisküvilerin üzerine gezdirin.

36.Sosis Sosu ve Bisküvi

İÇİNDEKİLER:

- ½ bardak çok amaçlı un
- 2 £. öğütülmüş domuz sosisi, kızartılmış ve süzülmüş
- 4 bardak süt
- tatmak için biber ve tuz

BİSKÜVİ:

- 4 su bardağı kendiliğinden kabaran un
- 3 Yemek kaşığı kabartma tozu
- 2 yemek kaşığı şeker
- 7 Yemek kaşığı kısaltma
- 2 bardak ayran

TALİMATLAR:

a) Orta ateşteki orta boy bir tencerede, unu sosisle birlikte serpin ve un eriyene kadar karıştırın.

b) Sütü yavaş yavaş ekleyerek orta ateşte koyulaşıncaya ve kabarcıklar oluşana kadar pişirin. Tuz ve karabiberle tatlandırın; Sıcak Bisküvilerin üzerine servis yapın.

BİSKÜVİ:

c) Unu, kabartma tozunu ve şekeri birlikte eleyin; kısaltarak kesin.

ç) Hamur nemlenene kadar ayranı çatalla karıştırın.

d) Hamuru top haline getirin ve hafifçe unlanmış bir yüzeyde birkaç kez yoğurun.

e) Yarım santim kalınlığında açın ve 3 santimlik bisküvi kesiciyle kesin.

f) Bisküvileri yağlanmış fırın tepsisine dizin.

g) 450 derecede yaklaşık 15 dakika veya altın rengi olana kadar pişirin.

KAHVALTI EKMEKLERİ

37.Chai Baharatlı Muzlu Ekmek

İÇİNDEKİLER:

- 1 çubuk (½ bardak) tuzsuz tereyağı, yumuşatılmış
- 1 su bardağı toz şeker
- 2 büyük yumurta, oda sıcaklığında
- 1½ su bardağı çok amaçlı un, bıçakla ölçülüp düzleştirildi
- 1 çay kaşığı karbonat
- ¾ çay kaşığı öğütülmüş kakule
- ¾ çay kaşığı tarçın
- ¼ çay kaşığı öğütülmüş zencefil
- ¼ çay kaşığı yenibahar
- ¾ çay kaşığı tuz
- 1 su bardağı çok olgunlaşmış muz püresi (2-3 muza eşdeğer)
- ½ bardak ekşi krema
- 1 çay kaşığı vanilya özü
- ½ su bardağı kıyılmış ceviz (isteğe bağlı)

TALİMATLAR:

a) Fırınınızı 175°C'ye (350°F) önceden ısıtın ve yapışmaz pişirme spreyi kullanarak 9 x 5 inçlik somun tepsisini cömertçe yağlayın.

b) Büyük bir kapta veya kürek aparatlı bir elektrikli karıştırıcı kullanarak yumuşatılmış tereyağını ve şekeri, karışım hafif ve kabarık hale gelinceye kadar çırpın. Bu yaklaşık 2 dakika sürmelidir. Yumurtaları teker teker ekleyin ve her eklemeden sonra iyice karışmasını sağlayın. Gerektiğinde kasenin kenarlarını kazımayı unutmayın.

c) Ayrı bir orta boy kapta un, kabartma tozu, kakule, tarçın, zencefil, yenibahar ve tuzu birlikte çırpın. Bu kuru karışımı tereyağlı karışıma ekleyin ve birleşene kadar yavaşça çırpın.

ç) Daha sonra ezilmiş muzları, ekşi kremayı ve vanilya özünü ekleyin ve malzemeler tamamen bütünleşinceye kadar düşük hızda karıştırın. Ceviz kullanıyorsanız yavaşça hamurun içine katlayın.

d) Hazırladığınız hamuru yağlanmış kek kalıbına dökün. Önceden ısıtılmış fırında, ekmek derin bir altın rengi kahverengiye dönene ve ortasına yerleştirilen kek test cihazı temiz çıkana kadar pişirin. Bu genellikle yaklaşık 60-70 dakika sürer.

e) Ekmeğin tamamen soğuması için bir soğutma rafına aktarmadan önce yaklaşık 10 dakika tavada dinlenmesine izin verin. En iyi deneyim için, bu muzlu ekmeğin tadını fırından henüz sıcakken çıkarın veya lezzetli bir ikram olarak kızartın.

f) Bu muzlu ekmek 3 aya kadar dondurulabilir. Tamamen soğuduktan sonra alüminyum folyoya, dondurucuya sarın veya buzdolabı poşetine koyun. Tekrar tadını çıkarmaya hazır olduğunuzda, servis etmeden önce bir gece buzdolabında çözdürün.

38. Balkabağı Baharatlı Muzlu Ekmek

İÇİNDEKİLER:
EKMEK İÇİN:
- 2 adet olgunlaşmış muz
- ¾ su bardağı toz şeker
- ½ su bardağı bitkisel yağ
- 2 büyük yumurta
- ½ çay kaşığı tuz
- 1 çay kaşığı vanilya özü
- 1 çay kaşığı karbonat
- 1 ½ çay kaşığı balkabağı turtası baharatı
- 7 yemek kaşığı ekşi süt
- 2 bardak (248g) çok amaçlı un

GLAZÜR İÇİN:
- 1 ¾ su bardağı pudra şekeri
- ¼ çay kaşığı tuz
- 1 çay kaşığı kabak tatlısı baharatı
- 1 ½ çay kaşığı vanilya özü
- 2-3 yemek kaşığı ağır krem şanti

TALİMATLAR:
a) Fırınınızı önceden 350°F (175°C) ısıtın. 9x5 inç veya 8x4 inçlik bir somun tavasını katı yağ veya tereyağıyla yağlayın ve şekerle kaplayın. Şekerle kaplamak için önce tavayı yağlayın, ardından tavaya yaklaşık 2 yemek kaşığı şeker ekleyin.

b) Tavayı, tabanı ve yanları eşit şekilde şekerle kaplanana kadar yan yana eğin. Tereyağı yerine pişirme spreyi kullanmayın. Şekerleme adımını atlamayı tercih ederseniz pişirme spreyini tek başına kullanabilirsiniz.

c) Büyük bir kapta muzları çatal veya patates ezici kullanarak ezin. Bitkisel yağı, toz şekeri ve yumurtaları tahta kaşık veya spatula kullanarak karıştırın. Karışımı bir kenara koyun.

ç) Muz karışımına balkabağı turtası baharatını, tuzu, kabartma tozunu ve vanilya özünü ekleyin ve iyice birleşene kadar karıştırın.

d) Çok amaçlı unu ve ekşi sütü ekleyip karışana kadar karıştırın. Hamuru hazırlanan tavaya dökün.

e) Önceden ısıtılmış fırında 45-60 dakika veya ortasına batırdığınız kürdan temiz çıkana kadar pişirin. Kenarlar hoş bir koyu kahverengi renge sahip olacak ve ortasında bir çatlak olacak. Pişirme süresinin geniş aralığı fırın performansındaki farklılıklardan kaynaklanmaktadır. Cam değil metal bir tava kullandığınızdan emin olun.

f) Ekmeği çıkarmadan ve buzlanmadan önce tavada tamamen soğumasını bekleyin.

BUZLAMA İÇİN:

g) Orta boy bir kapta pudra şekeri, balkabağı turtası baharatı ve tuzu birlikte çırpın.

ğ) Vanilya ekstraktını ve 1 çorba kaşığı ağır çırpılmış kremayı çırpın, istediğiniz kıvamı elde etmek için gerektiği kadar daha fazla krema ekleyin (3 yemek kaşığına kadar).

h) Muzlu ekmeği dondurun ve soğuması için soğutun. Dondurulmuş ekmeği 3 güne kadar hava geçirmez bir kapta saklayın veya dilimleyip 1 aya kadar dondurun. Eğlence!

39. Tarçın Girdap Muzlu Ekmek

İÇİNDEKİLER:
EKMEK İÇİN:
- ½ su bardağı tuzsuz tereyağı, yumuşatılmış (115 gram)
- ½ su bardağı toz şeker (100 gram)
- ¼ su bardağı açık kahverengi şeker (50 gram)
- 2 büyük yumurta, oda sıcaklığında
- 1 çay kaşığı saf vanilya özü
- 2 su bardağı muz püresi (440 gram; yaklaşık 4 büyük muz)
- 2 su bardağı çok amaçlı un, kaşıkla karıştırılmış ve düzleştirilmiş (250 gram)
- 1 çay kaşığı kabartma tozu
- ½ çay kaşığı karbonat
- 1 çay kaşığı öğütülmüş tarçın
- ½ çay kaşığı tuz

TARÇIN ŞEKERİ GIRDAP:
- ¼ su bardağı toz şeker (50 gram)
- 2 çay kaşığı öğütülmüş tarçın

TALİMATLAR:
a) Fırınınızı önceden 350°F (180°C) ısıtın. Yapışmaz pişirme spreyi ile 9x5 inçlik bir somun tavasını yağlayın, parşömen kağıdıyla hizalayın ve bir kenara koyun.

b) Büyük bir kapta, el tipi bir mikser veya kürek aparatı takılı bir stand mikseri kullanarak, yumuşatılmış tereyağını, toz şekeri ve esmer şekeri, karışım hafif ve kabarık hale gelinceye kadar (yaklaşık 3 ila 4 dakika sürecek) birlikte çırpın.

c) Her eklemeden sonra iyice karıştırarak yumurtaları ve vanilya özütünü ekleyin. Daha sonra ezdiğiniz muzları karışıma ekleyin.

ç) Ayrı bir karıştırma kabında çok amaçlı un, kabartma tozu, kabartma tozu, tuz ve tarçını birlikte çırpın.

d) Kuru malzemeleri ıslak malzemelerle birleştirin, hamuru fazla karıştırmamaya dikkat edin.

e) Tarçınlı şeker girdabını oluşturmak için toz şeker ve öğütülmüş tarçını ayrı bir kapta karıştırın.

f) Tek bir kat tarçınlı şeker için, muzlu ekmek hamurunun yaklaşık yarısını somun tepsisine dökün, üzerine tarçınlı şeker karışımını serpin ve ardından kalan hamuru üstüne dökün.

g) Çift kat tarçın şekeri için, hamurun yaklaşık üçte birini somun tepsisine dökün, tarçınlı şeker karışımının yarısını üstüne serpin ve hamurun son üçte biri ile bitirerek katmanları tekrarlayın.

ğ) 55 ila 65 dakika kadar veya ortasına batırdığınız kürdan temiz çıkana kadar pişirin. Muzlu ekmek çok koyulaşmaya başlarsa pişirmenin son 15-20 dakikasında üzerini alüminyum folyo ile örtün.

h) Piştikten sonra muzlu ekmeği fırından çıkarın ve somun tavasında 10 dakika soğumasını bekleyin. Daha sonra soğumayı tamamlamak için tel rafa aktarın.

40.Açaí Muzlu Ekmek

İÇİNDEKİLER:
- Açaí Püresi
- ½ Fincan Vegan Tereyağı
- 1 Bardak Vegan Şeker
- 3 Ekstra Büyük Olgun Muz
- 2 Yumurta Değiştirme Eşdeğeri
- ½ çay kaşığı Vanilya
- ½ çay kaşığı Limon Suyu
- 1 ½ Su Bardağı Ağartılmamış Un
- 1 ½ yemek kaşığı Sıcak Su

TALİMATLAR:
a) Fırını 350 dereceye kadar önceden ısıtın.
b) Hazırlamak için standart bir ekmek tavasını yağlayın, muzları birkaç parçayla pürüzsüz hale gelinceye kadar ezin ve yumurta aklarını ve sarılarını iki farklı kasede ayırın.
c) Geniş bir kapta tereyağı ve şekeri birlikte krema haline getirin. Muz, yumurta sarısı, vanilya, limon suyu ve kabartma tozu ekleyin ve iyice karıştırın, ardından unu birleşene kadar karıştırın.
ç) Yumurta aklarını sertleşene kadar çırpın, ardından karışıncaya kadar yavaşça hamura katlayın. Son olarak sıcak suyla karıştırın.
d) Hamurun yarısını somun tavanıza dökün, orta katman oluşturmak için Açaí paketini ekleyin, ardından kalan hamuru dolduracak şekilde dökün.
e) Tahta bir şiş veya benzer şekilli başka bir cihaz kullanarak, Açaí'nin girdap oluşturması için hamuru dairesel bir hareketle yavaşça karıştırın.
f) Yaklaşık 45 dakika veya ortasına batırdığınız kürdan temiz çıkana kadar pişirin.
g) 15 dakika kadar soğumaya bırakın ve servis yapın.

41.Üzümlü Tatlı Ekmek

İÇİNDEKİLER:

- ½ bardak tereyağı, yumuşatılmış
- ½ bardak kısaltma
- 2¼ bardak şeker, bölünmüş
- 3 yumurta, dövülmüş
- 2 çay kaşığı vanilya özü
- 2 zarf aktif kuru maya
- 1 bardak ılık su
- 8 su bardağı çok amaçlı un
- ½ çay kaşığı tuz
- 2 su bardağı ılık süt
- 16 onsluk paket kuru üzüm
- ½ su bardağı tereyağı, eritilmiş

TALİMATLAR:

a) Tereyağı ve katı yağı çok geniş bir kapta karıştırın. Her eklemeden sonra iyice çırparak yavaş yavaş 2 bardak şeker, yumurta ve vanilya ekleyin.

b) Mayayı ve ılık suyu (110 ila 115 derece) bir kapta birleştirin; 5 dakika bekletin.

c) Un ve tuzu birlikte çırpın. Büyük bir tahta kaşıkla, un ve tuzu, dönüşümlü olarak maya karışımı ve ılık sütle birlikte tereyağı karışımına yavaş yavaş karıştırın.

ç) İyice karıştırın; kuru üzümleri karıştırın. Hamuru unlanmış bir yüzeye çevirin.

d) Hamur pürüzsüz ve elastik hale gelinceye kadar ilave un ekleyerek yoğurun.

e) Hamuru kaseye geri koyun. Hamura yapışmaz sebze spreyi ile hafifçe püskürtün; yağlı kağıt ve kurulama beziyle örtün. Hacim iki katına çıkana kadar 6 ila 8 saat veya gece boyunca yükselmeye bırakın.

f) Aşağı yumruk at; 6 eşit parçaya bölün ve 6 adet yağlanmış 9"x5" somun tavasına yerleştirin. Örtün ve 4 ila 6 saat arasında yuvarlanıncaya kadar tekrar yükselmeye bırakın.

g) Somunların üzerine eritilmiş tereyağını gezdirin; her somuna 2 çay kaşığı kalan şekeri serpin.

ğ) 350 derecede 30 dakika veya ortasına batırdığınız kürdan temiz çıkana kadar pişirin. Tel raflarda soğutun.

42.Sırlı Üçlü Meyveli Muzlu Ekmek

İÇİNDEKİLER:
MUZLU EKMEK İÇİN:
- 6 yemek kaşığı tuzsuz tereyağı, eritilmiş ve hafifçe soğutulmuş
- 2 fincan çok amaçlı un
- ¾ bardak şeker
- ¾ çay kaşığı kabartma tozu
- ½ çay kaşığı tuz
- 2 büyük yumurta
- 1 ½ su bardağı olgun muz püresi (yaklaşık 4 orta boy muz)
- ¼ bardak sade Yunan yoğurdu
- 1 çay kaşığı vanilya özü
- 2 su bardağı karışık yaban mersini, ahududu ve böğürtlen, bölünmüş

LİMON SIRASI İÇİN:
- Yarım limon suyu (yaklaşık 3 yemek kaşığı)
- ½ su bardağı pudra şekeri (daha koyu bir sır istiyorsanız daha fazla)

TALİMATLAR:
a) Fırınınızı önceden 350°F (175°C) ısıtın. 9x5 inçlik bir somun tavasını yağlayın.
b) Büyük bir kapta un, şeker, kabartma tozu ve tuzu birleştirin.
c) Ayrı bir kapta yumurtaları, muz püresini, yoğurdu ve eritilmiş (hafif soğutulmuş) tereyağını vanilyayla birlikte birleştirin. Pürüzsüz olana kadar çırpın.
ç) Unlu karışımın ortasını havuz şeklinde açıp muzlu karışımı dökün. Fazla karıştırmamaya dikkat ederek, birleşene kadar hafifçe karıştırın.
d) 1 ½ bardak karışık meyveleri yavaşça ekleyin ve ½ bardağı üzeri için ayırın.
e) Hamuru hazırlanan ekmek tavasına dökün. Kalan meyveleri üstüne serpin ve yavaşça hamurun içine bastırın.
f) Somun altın kahverengi olana ve ortasına batırılan kürdan temiz çıkana kadar pişirin; bu yaklaşık 1 saat ila 1 saat 15 dakika sürecektir.
g) Somunu 5 dakika boyunca tavada soğumaya bırakın, ardından yavaşça tel ızgara üzerine çevirin. Kesmeden önce tamamen soğumasını bekleyin.

LİMON SIRASI İÇİN,
ğ) Limon suyu ve pudra şekerini pürüzsüz olana kadar çırpın.
h) Servis yapmadan hemen önce bu sosu ekmeğin üzerine gezdirin.

43.Yabanmersinli Muzlu Ekmek

İÇİNDEKİLER:

- 2 fincan çok amaçlı un
- 1 çay kaşığı karbonat
- 4 olgun muz
- 1 büyük yumurta
- 1 çay kaşığı vanilya özü
- ½ bardak) şeker
- ½ bardak tuzsuz tereyağı (1 çubuk), eritilmiş
- 1 çay kaşığı tarçın (isteğe bağlı)
- 1 su bardağı taze yaban mersini

TALİMATLAR:

a) Fırınınızı önceden 350°F (175°C) ısıtın.
b) Orta boy bir kapta çok amaçlı un ve kabartma tozunu birleştirin. Bu karışımı bir kenara koyun.
c) Büyük bir karıştırma kabında olgun muzları çatal yardımıyla ezin. Büyük yumurtayı ve vanilya özünü ekleyin ve iyice karıştırın.
ç) Muz karışımına şekeri ve eritilmiş tereyağını ekleyin. İstenirse tarçını bu aşamada ekleyin.
d) Un karışımını yavaş yavaş muz karışımına ekleyin ve birleşene kadar karıştırın.
e) Taze yaban mersini yavaşça hamurun içine katlayın.
f) Ekmek tavasını yağlayın veya yağlayın ve ardından hamuru tavaya dökün.
g) 175°C'de (350°F) 65-75 dakika veya ekmek altın rengi kahverengiye dönene kadar pişirin.
ğ) Olgun muzlar ve sulu yaban mersinlerinin birleşiminin mükemmel bir lezzet uyumu yarattığı bu enfes Yaban Mersini Eklenmiş Muz Ekmeğinin keyfini çıkarın. Eğlence!

44.Tropikal Muzlu Ekmek

İÇİNDEKİLER:

EKMEK:
- 1 ½ su bardağı ağartılmamış çok amaçlı un
- 2 çay kaşığı kabartma tozu
- 1 tutam tuz
- 14 ons ezilmiş ananas konservesi
- 3 yumurta
- 1 ¼ su bardağı şeker
- 1 çay kaşığı vanilya özü
- ½ bardak tuzsuz tereyağı, eritilmiş ve soğutulmuş
- 1 su bardağı çok olgun muz, çatalla ezilmiş
- 2 yemek kaşığı limon suyu
- ½ bardak şekersiz kıyılmış hindistan cevizi

ŞURUP:
- ½ bardak) şeker
- ¼ bardak limon suyu
- ½ bardak şekersiz kıyılmış hindistan cevizi, hafifçe kızartılmış

TALİMATLAR:

EKMEK İÇİN:

a) Fırınınızı önceden 350°F (180°C) ısıtın. İki adet altı fincanlık (1,5 litre) 10 x 4 inçlik (25 x 10 cm) somun tavasını yağlayın ve her birini bir parşömen kağıdıyla hizalayarak her iki taraftan sarkmasını sağlayın.

b) Bir kapta un, kabartma tozu ve tuzu birleştirin. Bu kuru karışımı bir kenara koyun.

c) Ananası bir elek kullanarak boşaltın ve mümkün olduğu kadar fazla sıvıyı çıkarmak için bir kepçeyle bastırın. Süzülmüş ananası bir kenara koyun ve suyunu başka bir kullanım için saklayın.

ç) Başka bir kapta, yumurtaları, şekeri ve vanilyayı elektrikli bir karıştırıcı kullanarak, karışımın hacmi iki katına çıkana ve çırpıcıdan şeritler halinde düşene kadar çırpın; bu yaklaşık 10 dakika sürecektir. Eritilmiş tereyağını karıştırın.

d) Karışım pürüzsüz hale gelinceye kadar karıştırarak, ezilmiş muz ve limon suyunu ekleyin. Kuru malzemeleri, kıyılmış hindistan cevizini ve süzülmüş ananası karıştırın.

e) Hamuru hazırlanan tavalara eşit şekilde dağıtın. Yaklaşık 40 dakika veya somunların ortasına batırılan kürdan temiz çıkana kadar pişirin.
f) Somunları tel raf üzerinde soğumaya bırakın.

ŞURUP İÇİN:
g) Küçük bir tencerede şekeri ve limon suyunu kaynatın. Yaklaşık 2 dakika veya şeker tamamen eriyene kadar pişirin.
ğ) Hafifçe kızartılmış kıyılmış hindistan cevizini karıştırın.
h) Şurubu sıcak keklerin üzerine dökün ve 30 dakika bekletin.
ı) Bu Tropikal Muzlu Ekmek ile tropik lezzetlerin tadını çıkarın! Her lokmasında cennetten bir dilim var.

45.Mangolu Muzlu Ekmek

İÇİNDEKİLER:

- 1 su bardağı şeker
- ½ su bardağı tuzsuz tereyağı, oda sıcaklığında
- 2 büyük yumurta
- 2 adet olgun muz
- ½ olgun mango, küp şeklinde
- 1 yemek kaşığı süt
- 1 çay kaşığı öğütülmüş tarçın
- 2 bardak un
- 1 çay kaşığı kabartma tozu
- 1 çay kaşığı karbonat
- 1 çay kaşığı tuz
- ¾ çay kaşığı vanilya özü

TALİMATLAR:

a) Fırınınızı 325 Fahrenheit'e (163 santigrat derece) önceden ısıtın. Bir somun tavasını yağlayın veya hizalayın.
b) Büyük bir karıştırma kabında şekeri ve oda sıcaklığındaki tereyağını, karışım hafif ve kabarık hale gelinceye kadar krema haline getirin.
c) Yumurtaları teker teker ekleyin ve her eklemeden sonra iyice çırpın.
ç) Küçük bir kapta olgun muzları çatal yardımıyla ezin.
d) Sütü, tarçını ve vanilya özünü iyice birleşene kadar ezilmiş muzlara karıştırın.
e) Küp şeklinde kesilmiş mangoyu yavaşça muz karışımına katlayın. Bu karışımı bir kenara koyun.
f) Başka bir kapta un, kabartma tozu, kabartma tozu ve tuzu karıştırın.
g) Muz-mango karışımını kremalı şeker ve tereyağı karışımına ekleyin ve her şey birleşene kadar karıştırın.
ğ) Son olarak kuru malzemeleri ekleyin ve homojen bir hamur oluşana kadar karıştırın.
h) Hazırladığınız kek kalıbına hamuru dökün ve üstünü düzeltin.
ı) Yaklaşık 65-75 dakika veya ortasına batırdığınız kürdan temiz çıkana kadar pişirin.
i) Mango Muzlu Ekmeğinin üst kısmının çatlamasını önlemek için pişirme kabından çıkarmadan önce bir fırın tepsisinde soğumasını bekleyin.

46.Kara Orman Muzlu Ekmek

İÇİNDEKİLER:
MUZLU EKMEK İÇİN:
- 3 olgun muz, püresi
- ½ bardak tuzsuz tereyağı, eritilmiş
- 1 su bardağı toz şeker
- 2 büyük yumurta
- 1 çay kaşığı vanilya özü
- 1 ½ su bardağı çok amaçlı un
- ¼ fincan kakao tozu
- 1 çay kaşığı karbonat
- ½ çay kaşığı tuz
- ½ su bardağı yarı tatlı çikolata parçacıkları

KARA ORMAN KAPLAMASI İÇİN:
- 1 bardak taze kiraz, çekirdeği çıkarılmış ve yarıya bölünmüş
- ¼ su bardağı toz şeker
- ¼ bardak su
- 1 yemek kaşığı mısır nişastası
- Krem şanti (servis için, isteğe bağlı)

TALİMATLAR:
a) Fırınınızı önceden 350°F (175°C) ısıtın. 9x5 inçlik bir somun tepsisini yağlayın ve unlayın.
b) Bir karıştırma kabında olgun muzları çatal yardımıyla pürüzsüz hale gelinceye kadar ezin.
c) Ayrı bir büyük kapta eritilmiş tereyağını ve toz şekeri iyice birleşene kadar çırpın.
ç) Yumurtaları ve vanilya özütünü tereyağı-şeker karışımına ekleyin ve pürüzsüz hale gelinceye kadar çırpın.
d) Başka bir kapta çok amaçlı un, kakao tozu, kabartma tozu ve tuzu birlikte eleyin.
e) Kuru malzemeleri yavaş yavaş ıslak malzemelere ekleyin, birleşene kadar karıştırın. Aşırı karıştırmayın.
f) Yarı tatlı çikolata parçacıklarını yavaşça katlayın.
g) Muzlu ekmek hamurunu hazırlanan somun tavasına dökün.
ğ) Önceden ısıtılmış fırında 60-70 dakika veya ortasına batırdığınız kürdan temiz çıkana kadar pişirin.

h) Muzlu ekmek pişerken Kara Orman sosunu hazırlayın. Bir tencerede çekirdeği çıkarılmış ve ikiye bölünmüş kirazları, toz şekeri ve suyu birleştirin. Orta ateşte kaynamaya getirin.
ı) Küçük bir kapta mısır nişastasını bir çorba kaşığı suyla karıştırarak bir bulamaç oluşturun. Bu bulamacı kaynayan kiraz karışımına ekleyin ve sos koyulaşana kadar karıştırın. Isıdan çıkarın ve soğumaya bırakın.
i) Muzlu ekmek piştikten sonra fırından çıkarın ve tavada yaklaşık 10 dakika soğumaya bırakın, ardından tamamen soğuması için tel rafa aktarın.
j) Muzlu ekmek soğuduktan sonra, Kara Orman kirazını somunun üzerine kaşıkla dökün.
k) İsteğe bağlı olarak Kara Orman Muzlu Ekmek dilimlerini bir parça çırpılmış kremayla birlikte servis edin.

47.Amaretto hindistan cevizi ekmeği

İÇİNDEKİLER
- 4 ons Tofu
- 1 su bardağı Şeker
- ¼ bardak Amaretto
- 14 sıvı ons Hindistan cevizi sütü
- 2½ su bardağı Un
- ½ çay kaşığı Tuz
- 1 yemek kaşığı Kabartma tozu
- 1 su bardağı şekersiz hindistan cevizi gevreği

TALİMATLAR
a) Fırını önceden 350 F'ye ısıtın. 9" x 5" x 3" somun tepsisini yağlayın.
b) Tofu ve şekeri elektrikli bir karıştırıcıda veya geniş bir karıştırma kabında tercih ettiğiniz aletle ezerek iyice karıştırın. :-)
c) Amaretto ve hindistancevizi sütünü tofunun içine iyice karışana kadar karıştırın.
ç) Bu arada un, tuz ve kabartma tozunu birlikte eleyin. Hindistan cevizi pullarını atın, ardından kuru malzemeleri sıvı karışıma ekleyin ve iyice karıştırın.
d) Hazırlanan somun tavasına kaşıkla hamur dökün. Tamamlanana kadar pişirin, yaklaşık 50 dakika.
e) Tavadan çıkarmadan önce hafifçe soğutun.

48.Pancar fındıklı ekmek

İÇİNDEKİLER:

- ¾ bardak Kısaltma
- 1 su bardağı Şeker
- 4 yumurta
- 2 çay kaşığı Vanilya
- 2 su bardağı rendelenmiş pancar
- 3 su bardağı Un
- 2 çay kaşığı kabartma tozu
- 1 çay kaşığı Kabartma tozu
- ½ çay kaşığı Tarçın
- ¼ çay kaşığı Öğütülmüş hindistan cevizi
- 1 su bardağı kıyılmış fındık

TALİMATLAR:

a) Yağ ve şekeri hafif ve kabarık olana kadar çırpın. Yumurta ve vanilyayı ekleyip karıştırın. Pancarları karıştırın.

b) Kombine kuru malzemeleri ekleyin; iyice karıştırın. Fındıkları karıştırın.

c) Yağlanmış ve unlanmış 9x5" somun tepsisine dökün.

ç) 350'F'de pişirin. 60-70 dakika veya ortasına batırılan tahta kürdan temiz çıkana kadar.

d) 10 dakika soğutun; tavadan çıkarın.

KAHVALTI SANDVİÇLERİ

49.Mini Caprese Sandviçleri

İÇİNDEKİLER:

- 12 mini kaymaklı çörek veya akşam yemeği ruloları
- 12 dilim taze mozarella peyniri
- 2 domates, dilimlenmiş
- Taze fesleğen yaprakları
- Balzamik sır
- Tatmak için biber ve tuz

TALİMATLAR:

a) Mini kaydırmalı çörekleri veya akşam yemeği rulolarını yatay olarak ikiye bölün.
b) Her bir çöreğin alt yarısına bir dilim mozzarella peyniri, bir dilim domates ve birkaç fesleğen yaprağı koyun.
c) Balzamik sırla gezdirin ve tuz ve karabiberle tatlandırın.
ç) Çöreğin üst yarısını dolguların üzerine yerleştirin.
d) İstenirse mini sandviçleri kürdanla sabitleyin.
e) Bu canlandırıcı Caprese sandviçlerini servis edin ve keyfini çıkarın.

50.Mini Tavuk Salatalı Sandviçler

İÇİNDEKİLER:
- 12 mini kruvasan veya küçük ekmek ruloları
- 2 su bardağı pişmiş tavuk göğsü, kıyılmış veya doğranmış
- ½ bardak mayonez
- 1 yemek kaşığı Dijon hardalı
- ¼ bardak kereviz, ince doğranmış
- 2 yeşil soğan, ince dilimlenmiş
- Tatmak için biber ve tuz

TALİMATLAR:
a) Bir kasede kıyılmış veya doğranmış tavuk göğsü, mayonez, Dijon hardalı, kereviz ve yeşil soğanları iyice birleşene kadar karıştırın.
b) Tatmak için tuz ve karabiber ekleyin.
c) Mini kruvasanları veya ekmek rulolarını yatay olarak ikiye bölün.
ç) Her kruvasanın veya rulonun alt yarısına bol miktarda tavuk salatası dökün.
d) Kruvasanın üst yarısını yerleştirin veya dolgunun üzerine yuvarlayın.
e) İstenirse mini sandviçleri kürdanla sabitleyin.
f) Bu lezzetli tavuk salatalı sandviçleri servis edin ve tadını çıkarın.

51.Mini Hindi ve Kızılcık Sandviçleri

İÇİNDEKİLER:
- 12 mini akşam yemeği rulosu veya küçük ekmek rulosu
- 12 dilim hindi göğsü
- ½ bardak kızılcık sosu
- Bir avuç bebek ıspanak veya roka yaprağı
- ¼ bardak krem peynir
- Tatmak için biber ve tuz

TALİMATLAR:
a) Akşam yemeği rulolarını veya ekmek rulolarını yatay olarak ikiye bölün.
b) Her rulonun alt yarısına krem peynir sürün.
c) Krem peynirin üzerine dilimlenmiş hindi göğsü, bir kaşık dolusu kızılcık sosu ve birkaç körpe ıspanak veya roka yaprağını katlayın.
ç) Tatmak için tuz ve karabiber ekleyin.
d) Rulonun üst yarısını dolguların üzerine yerleştirin.
e) İstenirse mini sandviçleri kürdanla sabitleyin.

52.Mini Jambon ve Peynir Sürgüleri

İÇİNDEKİLER:

- 12 mini kaymaklı çörek veya akşam yemeği ruloları
- 12 dilim jambon
- 12 dilim peynir (çedar, İsviçre veya provolon gibi)
- 2 yemek kaşığı Dijon hardalı
- 2 yemek kaşığı mayonez
- 2 yemek kaşığı tereyağı, eritilmiş
- ½ çay kaşığı sarımsak tozu
- ½ çay kaşığı haşhaş tohumu (isteğe bağlı)

TALİMATLAR:

a) Fırını önceden 350°F'ye (175°C) ısıtın.
b) Kaydırıcı çörekleri veya akşam yemeği rulolarını yatay olarak ikiye bölün.
c) Her bir çöreğin alt yarısına Dijon hardalı, üst yarısına ise mayonez sürün.
ç) Her çöreğin alt yarısına dilimlenmiş jambon ve peyniri katlayın.
d) Sandviç oluşturmak için çöreğin üst yarısını dolguların üzerine yerleştirin.
e) Sandviçleri bir fırın tepsisine yerleştirin.
f) Küçük bir kapta eritilmiş tereyağını sarımsak tozuyla karıştırın. Karışımı sandviçlerin üst kısımlarına fırçalayın.
g) İsterseniz sandviçlerin üzerine haşhaş tohumu serpin.
ğ) Pişirme kabını folyo ile örtün ve 10-15 dakika veya peynir eriyene ve çörekler hafifçe kızarıncaya kadar pişirin.
h) Bu sıcak ve peynirli jambon ve peynir sürgülerini servis edin.

53.Mini Veggie Club Sandviçler

İÇİNDEKİLER:
- 12 mini pide cebi veya küçük ekmek ruloları
- ½ bardak humus
- 12 dilim salatalık
- 12 dilim domates
- 12 dilim avokado
- Bir avuç marul veya lahana
- Tatmak için biber ve tuz

TALİMATLAR:
a) Mini pide ceplerini veya ekmek rulolarını yatay olarak ikiye bölün.
b) Humus'u her cebin veya rulonun alt yarısına yayın.
c) Humusun üzerine salatalık dilimlerini, domates dilimlerini, avokado dilimlerini ve marul veya filizleri katlayın.
ç) Tatmak için tuz ve karabiber ekleyin.
d) Cebin üst yarısını yerleştirin veya dolguların üzerine yuvarlayın.
e) İstenirse mini sandviçleri kürdanla sabitleyin.
f) Bu lezzetli sebzeli kulüp sandviçlerini servis edin ve tadını çıkarın.

54.Mini Salatalık ve Krem Peynirli Sandviçler

İÇİNDEKİLER:
- 12 dilim mini kokteyl ekmeği veya parmak sandviç
- 4 ons (½ bardak) krem peynir, yumuşatılmış
- 1 küçük salatalık, ince dilimlenmiş
- Taze dereotu dalları
- Tatmak için biber ve tuz

TALİMATLAR:
a) Kokteyl ekmeğinin her dilimi üzerine ince bir tabaka yumuşatılmış krem peynir sürün.
b) İnce dilimlenmiş salatalığı ekmek dilimlerinin yarısının üzerine dizin.
c) Tatmak için tuz ve karabiber ekleyin.
ç) Üzerine taze dereotu dallarını ekleyin.
d) Mini sandviçler yapmak için kalan ekmek dilimlerini üstüne yerleştirin.
e) İstenirse kabukları kesin ve küçük kareler veya dikdörtgenler halinde kesin.

55.Mini Füme Somonlu ve Dereotlu Sandviçler

İÇİNDEKİLER:
- 12 dilim mini kokteyl ekmeği veya parmak sandviç
- 4 ons füme somon
- 4 ons krem peynir, yumuşatılmış
- Süslemek için taze dereotu
- Servis için limon dilimleri

TALİMATLAR:
a) Kokteyl ekmeğinin her dilimi üzerine yumuşatılmış krem peynir sürün.
b) Ekmek dilimlerinin yarısının üzerine bir dilim somon füme koyun.
c) Taze dereotu ile süsleyin.
ç) İsterseniz somonun üzerine biraz limon suyu sıkın.
d) Mini sandviçler oluşturmak için kalan ekmek dilimlerini üstüne ekleyin.
e) Kenarlarını kesin ve küçük üçgenler veya kareler halinde kesin.

56.Mini Yumurta Salatası Sandviçleri

İÇİNDEKİLER:
- 12 dilim mini kokteyl ekmeği veya parmak sandviç
- 4 adet haşlanmış yumurta, doğranmış
- 2 yemek kaşığı mayonez
- 1 çay kaşığı Dijon hardalı
- Tatmak için biber ve tuz
- Kıyılmış taze frenk soğanı (garnitür için)

TALİMATLAR:
a) Bir kasede doğranmış haşlanmış yumurta, mayonez, Dijon hardalı, tuz ve karabiberi birleştirin. İyice karıştırın.
b) Yumurta salatası karışımını ekmek dilimlerinin yarısına sürün.
c) Kıyılmış taze frenk soğanı serpin.
ç) Mini sandviçler oluşturmak için kalan ekmek dilimlerini üstüne ekleyin.
d) Kenarlarını kesin ve küçük kareler veya dikdörtgenler halinde kesin.

57.Mini Kızarmış Dana ve Yaban Turpu Sandviçleri

İÇİNDEKİLER:
- 12 mini kaymaklı çörek veya küçük rulo
- 6 ons ince dilimlenmiş sığır eti
- 2 yemek kaşığı hazırlanmış yaban turpu sosu
- Roka yaprakları

TALİMATLAR:
a) Her kaydırıcı topuzun bir tarafına ince bir tabaka yaban turpu sosu sürün.
b) Çöreklerin alt yarısına birkaç dilim kızarmış dana eti koyun.
c) Mini sandviçler oluşturmak için roka yapraklarını ve ardından çöreklerin üst yarısını ekleyin.

58.Mini Su Teresi ve Turplu Sandviçler

İÇİNDEKİLER:
- 12 mini dilim tam tahıllı ekmek veya küçük rulolar
- Su teresi yaprakları
- İnce dilimlenmiş turp
- Krem peynir
- Limon kabuğu rendesi

TALİMATLAR:
a) Ekmek dilimlerinin yarısına bir kat krem peynir sürün.
b) Üzerine su teresi yapraklarını ve ince dilimlenmiş turpları dizin.
c) Limon kabuğu rendesi serpin.
ç) Mini sandviçler oluşturmak için kalan ekmek dilimlerini üstüne ekleyin.

ÇÖREKLER

59.Mimoza Çörekleri

İÇİNDEKİLER:

- 2 fincan çok amaçlı un
- ¼ su bardağı toz şeker
- 1 yemek kaşığı kabartma tozu
- ½ çay kaşığı tuz
- ½ bardak soğuk tuzsuz tereyağı, küçük küpler halinde kesilmiş
- ¼ bardak ağır krema
- ¼ bardak portakal suyu
- ¼ fincan şampanya veya köpüklü şarap
- 1 çay kaşığı portakal kabuğu rendesi
- ½ su bardağı kurutulmuş kızılcık veya altın kuru üzüm (isteğe bağlı)
- 1 büyük yumurta, dövülmüş (yumurta yıkamak için)
- Üzerine serpmek için kaba şeker

TALİMATLAR:

a) Fırınınızı 200°C'ye (400°F) önceden ısıtın. Bir fırın tepsisini parşömen kağıdıyla hizalayın.
b) Büyük bir kapta un, şeker, kabartma tozu ve tuzu birlikte çırpın.
c) Soğuk tereyağı küplerini kuru malzemelere ekleyin ve bir pasta kesici veya iki bıçak kullanarak, karışım iri kırıntılara benzeyene kadar kesin.
ç) Ayrı bir kapta kremayı, portakal suyunu, şampanyayı ve portakal kabuğu rendesini karıştırın.
d) Islak malzemeleri kuru karışıma dökün ve birleşene kadar karıştırın. Kullanıyorsanız kurutulmuş kızılcıkları veya altın kuru üzümleri ekleyin.
e) Hamuru unlu bir yüzeye aktarın ve yaklaşık 1 inç kalınlığında bir daireye hafifçe vurun. Daireyi 8 parçaya bölün.
f) Çörekleri hazırlanan fırın tepsisine yerleştirin, üstlerine çırpılmış yumurta sürün ve üzerine kaba şeker serpin.
g) Önceden ısıtılmış fırında 15-18 dakika veya çörekler altın rengi kahverengi olana kadar pişirin.
ğ) Servis yapmadan önce çöreklerin hafifçe soğumasını bekleyin.

60.Doğum Günü Pastası Çörekler

İÇİNDEKİLER:
KÖFTELER İÇİN:
- 2 fincan çok amaçlı un
- ¼ su bardağı toz şeker
- 2 çay kaşığı kabartma tozu
- ½ çay kaşığı tuz
- ½ bardak tuzsuz tereyağı, soğuk ve küp şeklinde
- ½ bardak ayran
- 1 çay kaşığı vanilya özü
- ¼ bardak renkli sprinkles

GLAZÜR İÇİN:
- 1 su bardağı pudra şekeri
- 2 yemek kaşığı süt
- ½ çay kaşığı vanilya özü
- Garnitür için ilave sprinkles (isteğe bağlı)

TALİMATLAR:
a) Fırınınızı önceden 200°C'ye (400°F) ısıtın ve fırın tepsisini parşömen kağıdıyla kaplayın.
b) Büyük bir karıştırma kabında un, toz şeker, kabartma tozu ve tuzu birlikte çırpın.
c) Soğuk küp tereyağını kuru malzemelere ekleyin. Tereyağını un karışımına kaba kırıntılara benzeyene kadar kesmek için bir pasta kesici veya parmaklarınızı kullanın.
ç) Ayrı bir kapta ayran ve vanilya özütünü birlikte çırpın.
d) Ayran karışımını yavaş yavaş kuru malzemelere dökün, birleşene kadar karıştırın.
e) Aşırı karıştırmamaya ve canlı renkleri kaybetmemeye dikkat ederek renkli serpintileri yavaşça katlayın.
f) Hamuru hafifçe unlanmış bir yüzeye aktarın. Yaklaşık 1 inç kalınlığında bir daire veya dikdörtgen şeklinde şekillendirin.
g) Keskin bir bıçak veya pasta kesici kullanarak hamuru tercih ettiğiniz şekil ve boyuta göre dilimler veya kareler halinde kesin.
ğ) Çörekleri hazırlanan fırın tepsisine, her çörek arasında biraz boşluk bırakarak yerleştirin.

h) Çörekleri önceden ısıtılmış fırında yaklaşık 15-20 dakika veya altın kahverengi olana ve tamamen pişene kadar pişirin.
ı) Çörekler pişerken sırını hazırlayın. Bir karıştırma kabında pudra şekeri, süt ve vanilya özünü pürüzsüz ve kremsi bir kıvama gelinceye kadar çırpın.
i) Çörekler piştikten sonra fırından çıkarın ve tel ızgara üzerinde birkaç dakika soğumaya bırakın.
j) Sırları sıcak çöreklerin üzerine gezdirin, yanlardan aşağı akmasını sağlayın.
k) İsteğe bağlı: Ekstra şenlikli bir dokunuş için sırın üzerine ilave renkli serpiştirin.
l) Doğum günü pastası çöreklerini servis etmeden önce sırın birkaç dakika soğumasını bekleyin.

61.Kapuçino Çörekler

İÇİNDEKİLER:
- 2 fincan çok amaçlı un
- ¼ su bardağı toz şeker
- 2 yemek kaşığı hazır kahve granülü
- 1 yemek kaşığı kabartma tozu
- ½ çay kaşığı tuz
- ½ bardak soğuk tuzsuz tereyağı, küp şeklinde
- ½ bardak ağır krema
- ¼ fincan güçlü demlenmiş kahve, soğutulmuş
- 1 çay kaşığı vanilya özü
- ½ su bardağı yarı tatlı çikolata parçaları (isteğe bağlı)
- 1 yumurta (yumurta yıkamak için)
- Kaba şeker (serpmek için, isteğe bağlı)

TALİMATLAR:

a) Fırınınızı önceden 200°C'ye (400°F) ısıtın ve fırın tepsisini parşömen kağıdıyla kaplayın.

b) Büyük bir karıştırma kabında un, toz şeker, hazır kahve granülleri, kabartma tozu ve tuzu birlikte çırpın.

c) Soğuk küp tereyağını kuru malzemelere ekleyin. Tereyağını kuru karışıma kaba kırıntılara benzeyene kadar karıştırmak için bir pasta kesici veya parmaklarınızı kullanın.

ç) Ayrı bir kapta kremayı, demlenmiş kahveyi ve vanilya özünü birleştirin.

d) Islak malzemeleri kuru karışıma dökün ve birleşene kadar karıştırın. İstenirse yarı tatlı çikolata parçacıklarını da katlayın.

e) Hamuru unlu bir yüzeye alın ve bir araya gelinceye kadar birkaç kez hafifçe yoğurun.

f) Hamuru yaklaşık 1 inç kalınlığında bir daireye yerleştirin. Daireyi 8 parçaya bölün.

g) Çörekleri hazırlanan fırın tepsisine yerleştirin. Yumurtayı çırpın ve çöreklerin üst kısımlarına sürün. Kullanıyorsanız kaba şeker serpin.

ğ) Önceden ısıtılmış fırında 15-18 dakika veya çörekler altın rengi kahverengi olana ve ortasına batırdığınız kürdan temiz çıkana kadar pişirin.

h) Servis yapmadan önce kapuçino çöreklerinin tel ızgara üzerinde soğumasını bekleyin.

62. Zencefil ve Frenk Üzümü Çörekleri

İÇİNDEKİLER:

- 1 yumurta, dövülmüş
- 3 yemek kaşığı esmer şeker, paketlenmiş
- 1 çay kaşığı rom veya rom aromalı ekstrakt
- 1 çay kaşığı kabartma tozu
- 2 yemek kaşığı süt
- 1 fincan çok amaçlı un
- ¼ fincan tereyağı, yumuşatılmış
- ¾ bardak kuş üzümü
- 2 yemek kaşığı şekerlenmiş zencefil, doğranmış

TALİMATLAR:

a) Büyük bir kapta, tüm malzemeleri iyice karışana kadar karıştırın. Hamuru 8 ila 10 topa bölün; düzleştirmek.
b) Yağlanmamış fırın tepsisine çörekleri dizin.
c) 350 derecede 15 dakika veya altın rengi olana kadar pişirin.

63.Tarçınlı Cevizli Çörekler

İÇİNDEKİLER:

SÜSLEME:
- 2 yemek kaşığı granüler Splenda
- ½ çay kaşığı tarçın

ÇÖREKLER:
- 2 su bardağı Pişirme Karışımı
- 1 çay kaşığı kabartma tozu
- 1 çay kaşığı tarçın
- ¼ bardak soğuk tuzsuz tereyağı, küçük parçalar halinde kesilmiş
- 2 ons soğuk krem peynir, küçük parçalar halinde kesilmiş
- ½ bardak ceviz, doğranmış (yaklaşık 2 ons)
- ⅓ bardak Karbonhidrat Geri Sayım sütü veya ağır krema
- 1 yumurta, dövülmüş
- ¾ bardak granüler Splenda
- 1 çay kaşığı vanilya özü
- 1 yemek kaşığı ağır krema

TALİMATLAR:

a) Bir fırın tepsisini parşömen kağıdı veya yapışmaz bir fırın astarı ile hizalayın. Küçük bir kapta tepesini karıştırın

b) İÇİNDEKİLER: granüler Splenda ve tarçın. Bu karışımı bir kenara koyun.

c) Orta boy bir kapta, kabartma tozunu ve tarçını Pişirme Karışımına çırpın.

ç) Karışım küçük bezelyeye benzeyene kadar soğuk tereyağını ve krem peyniri kesin.

d) Kıyılmış cevizleri karışıma ekleyin.

e) Ayrı bir kapta sütü (veya kremayı), çırpılmış yumurtayı, tatlandırıcıyı (granül Splenda veya tercihinize bağlı olarak sıvı Splenda) ve vanilya özünü karıştırın.

f) Islak karışımı kuru karışıma ekleyin ve hamur bir araya gelinceye kadar karıştırın. Hamur yapışkan bir kıvamda olacak.

g) Hamuru hafifçe Pişirme Karışımı serpilmiş bir yüzeye çevirin. Hamurun üstünü Pişirme Karışımı ile tozlayın ve 1 inç kalınlığa kadar hafifçe vurun.

ğ) Hamuru 2 inçlik bisküvi kesiciyle kesin ve çörekleri dikkatlice fırın tepsisine yerleştirin. Hamur parçalarını yavaşça açın ve kalan çörekleri yapmak için bunları kesin.
h) Çöreklerin üst kısımlarını 1 çorba kaşığı ağır kremayla fırçalayın.
ı) Hazırladığınız karışımı tüm çöreklerin üzerine eşit şekilde serpin.
i) Önceden ısıtılmış fırında 400°F'de 12-15 dakika veya çörekler altın rengi kahverengi olana kadar pişirin.
j) Çörekleri sıcak olarak servis edin ve bunları tereyağı, kaymak veya mascarpone peyniri ile eşleştirmeyi düşünün. Mock Clotted Cream de bu çörekler için harika bir malzemedir. Eğlence!

64.Limoncello Çörekler

İÇİNDEKİLER:

- 2 fincan çok amaçlı un
- ¼ bardak şeker
- 2 çay kaşığı kabartma tozu
- ½ çay kaşığı tuz
- ½ bardak soğuk tuzsuz tereyağı, küçük küpler halinde kesilmiş
- ½ bardak ağır krema
- ¼ bardak Limoncello likörü
- 1 limon kabuğu rendesi ve
- ½ su bardağı pudra şekeri (glazür için)
- 1 yemek kaşığı Limoncello (sır için)

TALİMATLAR:

a) Fırınınızı önceden 200°C'ye (400°F) ısıtın ve fırın tepsisini parşömen kağıdıyla kaplayın.
b) Büyük bir kapta un, şeker, kabartma tozu ve tuzu birlikte çırpın.
c) Soğuk tereyağı küplerini un karışımına ekleyin ve hamur kesici veya parmaklarınızla, karışım iri kırıntı görünümüne gelinceye kadar kesin.
ç) Ayrı bir kapta kremayı, Limoncello'yu ve limon kabuğu rendesini birleştirin.
d) Krema karışımını un karışımına dökün ve hamur bir araya gelinceye kadar karıştırın.
e) Hamuru hafifçe unlanmış bir yüzeye aktarın ve birkaç kez hafifçe yoğurun.
f) Hamuru yaklaşık 1 inç kalınlığında bir daireye yerleştirin, ardından 8 dilime kesin.
g) Çörekleri hazırlanan fırın tepsisine yerleştirin ve 15-18 dakika veya altın rengi kahverengi olana kadar pişirin.
ğ) Sır yapmak için küçük bir kapta pudra şekeri ve Limoncello'yu birlikte çırpın.
h) Sırları sıcak çöreklerin üzerine gezdirin ve servis yapmadan önce hafifçe soğumasını bekleyin.

65.Tarçınlı kahve çörekler

İÇİNDEKİLER:

- 2 su bardağı Kendiliğinden kabaran un
- 2 çay kaşığı Tarçın
- 6 yemek kaşığı Şeker
- ¾ su bardağı tuzsuz tereyağı
- 2 yumurta
- ¼ fincan Güçlü demlenmiş Folgers Kahvesi
- ¼ bardak Süt
- ½ su bardağı Altın kuru üzüm
- ½ su bardağı kıyılmış ceviz
- Üzeri için ekstra süt ve şeker

TALİMATLAR:

a) Unu, tarçını ve şekeri birlikte karıştırın. Tereyağını yemek kaşığı parçalar halinde kesin ve kuru karışıma karıştırın.

b) Yumurta, kahve ve sütü karıştırın. Yumuşak bir hamur oluşturmak için kuru karışımı karıştırın. Meyveleri ve fındıkları karıştırın. Unlanmış bir tahtanın üzerine açın ve hamuru yaklaşık ½ inç kalınlığında bir daire şeklinde hafifçe vurun. Unlu bisküvi kesiciyle yuvarlaklar kesin ve yağlanmış bir fırın tepsisine yerleştirin.

c) Üstlerine hafifçe süt sürün ve önceden ısıtılmış 400 F. fırında 12-15 dakika veya altın kahverengi olana kadar pişirin. Sıcak servis yapın.

66.Hindistan Cevizli ve Ananaslı Çörekler

İÇİNDEKİLER:
ÇÖREKLER:
- 2 su bardağı Pişirme Karışımı
- 1 çay kaşığı kabartma tozu
- ¼ bardak tuzsuz tereyağı, sert, küçük parçalar halinde kesilmiş
- 2 ons krem peynir
- ½ bardak melek tipi hindistan cevizi
- ½ bardak kıyılmış macadamia fıstığı
- ⅓ bardak şekere eşit şeker ikamesi
- ⅓ fincan Karbonhidrat Geri Sayımı Süt İçeceği
- 1 büyük yumurta, dövülmüş
- 1 çay kaşığı ananas özü
- Üzeri için 1 yemek kaşığı ağır krema

MELEK TİPİ HİNDİSTAN CEVİZİ:
- ½ bardak şekersiz kıyılmış hindistan cevizi
- 1 ½ yemek kaşığı. kaynayan su
- 2 çay kaşığına eşit şeker ikamesi. şekerin

TALİMATLAR:
MELEK TİPİ HİNDİSTAN CEVİZİ:

a) Hindistan cevizini küçük bir kaseye koyun. Üzerine kaynar su ve tatlandırıcıyı dökün ve hindistan cevizi iyice nemlenene kadar karıştırın.

b) Kasenin üzerine bir parça plastik örtü koyun ve 15 dakika bekletin.

ÇÖREKLER:

c) Fırını önceden 400 dereceye ısıtın. Bir fırın tepsisini parşömen kağıdıyla hizalayın.

ç) Orta boy bir kapta, bir çay kaşığı kabartma tozunu Pişirme Karışımına çırpın.

d) Karışım iri kırıntılara benzeyene kadar tereyağını ve krem peynirini Pişirme Karışımına kesin. Hindistan cevizi ve macadamia fıstıklarını karıştırın.

e) Ayrı bir kapta süt, yumurta, şeker ikamesi ve ananas ekstraktını karıştırın.

f) Islak karışımı kuruya ekleyin ve yumuşak bir hamur oluşuncaya kadar karıştırın (yapışkan olacaktır).

g) Hamuru hafifçe Pişirme Karışımı serpilmiş bir yüzeye çevirin.
ğ) Hamuru kaplamak için yavaşça yuvarlayın. 10 kez hafifçe yoğurun.
h) Hamuru parşömen kaplı fırın tepsisine 7 inçlik bir daire şeklinde yerleştirin. Hamur çok yapışkansa, üzerini bir parça plastik ambalajla örtün ve ardından bir daire oluşturun. Üst kısmını kremayla fırçalayın. 8 parçaya bölün, ancak dilimler halinde kesin. ayırmak.
ı) 15 ila 20 dakika veya altın kahverengi olana kadar pişirin. Fırından çıkarın. 5 dakika bekleyin, ardından takozları çentik çizgileri boyunca dikkatlice kesin ve ayırın. Sıcak servis yapın.

67.Balkabağı Kızılcık Çörekleri

İÇİNDEKİLER:

- 2 su bardağı Pişirme Karışımı
- 1 yemek kaşığı tereyağı
- 2 paket Splenda
- ¾ bardak konserve balkabağı, soğuk
- 1 yumurta, dövülmüş
- 1 yemek kaşığı ağır krema
- ½ bardak taze kızılcık, yarıya bölünmüş

TALİMATLAR:

a) Fırınınızı 220°C'ye (425°F) önceden ısıtın.
b) Tereyağını Pişirme Karışımına kesin.
c) Pişirme Karışımı karışımına Splenda'yı (tadına göre ayarlayın), konserve balkabağını, çırpılmış yumurtayı ve ağır kremayı ekleyin. Malzemeleri iyice birleştirin ancak fazla karıştırmayın.
ç) Yarıya bölünmüş kızılcıkları yavaşça katlayın.
d) Hamurdan 10 adet top yapın ve yağlı kağıt serili fırın tepsisine dizin. Dış kenarları yumuşatarak her bir topa hafifçe bastırın.
e) İstenirse çöreklerin üst kısımlarını ilave yoğun kremayla fırçalayın.
f) Önceden ısıtılmış fırının orta rafında 10-15 dakika veya çörekler altın rengi kahverengi olana kadar pişirin.
g) Sıcak çörekleri tereyağı ve/veya çırpılmış kremayla servis edin.

68.Pembe Limonata Çörekler

İÇİNDEKİLER:

- 1 bardak ağır krema
- 1 bardak limonata
- 6 damla pembe gıda boyası
- 3 su bardağı kendiliğinden kabaran un
- 1 tutam tuz
- reçel, servis etmek
- krema, servis etmek için

TALİMATLAR:

a) Fırını 450°F'ye önceden ısıtın
b) Tüm malzemeleri bir kaseye koyun. Birleşene kadar hafifçe karıştırın.
c) Unlu bir yüzeye kazıyın.
ç) Hafifçe yoğurun ve hamuru yaklaşık 1 inç kalınlığa kadar şekillendirin.
d) Daha sonra çörekleri kesmek için yuvarlak bir kesici kullanın.
e) Yağlı kağıt serilmiş tepsiye dizin ve üzerine biraz süt sürün.
f) 10-15 dakika veya üstü kızarıncaya kadar pişirin.
g) Reçel ve kremayla servis yapın.

69.Tereyağlı Çörekler

İÇİNDEKİLER:
- 1 bardak ayran
- 1 yumurta
- 3 yemek kaşığı şeker
- 3½ su bardağı ağartılmamış beyaz un, bölünmüş
- 2 çay kaşığı kabartma tozu
- 1 çay kaşığı karbonat
- ½ çay kaşığı tuz
- ½ su bardağı tereyağı, eritilmiş
- ½ bardak kuru üzüm

TALİMATLAR:
a) Ayran, yumurta ve şekeri elektrikli mikserle orta hızda çırpın. 3 su bardağı unu kabartma tozu, karbonat ve tuzla eleyin.
b) Un karışımının ⅔'ünü ayran karışımına ekleyin ve iyice karıştırın.
c) İyice karıştırarak yavaş yavaş eritilmiş tereyağı ekleyin; kalan un karışımını ekleyin.
ç) Gerekirse kuru üzüm ve biraz daha un ekleyin. Hamuru unlu bir yüzeyde 2 ila 3 kez yoğurun.
d) Hamuru 3 parçaya kesin. Her birini 1½ inç kalınlığında bir daire şeklinde şekillendirin ve 4 eşit parçaya bölün. Yağlanmış bir fırın tepsisine yerleştirin. 400 derecede 15 dakika veya üstleri altın rengi oluncaya kadar pişirin.

70. Tutku Meyveli Çörekler

İÇİNDEKİLER:

- 2 fincan çok amaçlı un
- ⅓ su bardağı şeker
- 1 yemek kaşığı kabartma tozu
- ½ çay kaşığı tuz
- ½ bardak tuzsuz tereyağı, soğutulmuş ve küp şeklinde
- ⅔ bardak çarkıfelek meyvesi posası
- ½ bardak ağır krema

TALİMATLAR:

a) Fırını önceden 400°F'ye ısıtın.
b) Bir karıştırma kabında un, şeker, kabartma tozu ve tuzu birleştirin.
c) Soğutulmuş tereyağını ekleyin ve karışım ufalanana kadar tereyağını kuru malzemelere ayırmak için bir hamur karıştırıcısı veya ellerinizi kullanın.
ç) Hamur bir araya gelinceye kadar karıştırarak çarkıfelek meyvesi posasını ve ağır kremayı ekleyin.
d) Hamuru unlu bir yüzeye alıp daire şeklinde açın.
e) Hamuru 8 dilime kesin
f) Çörekleri parşömen kağıdıyla kaplı bir fırın tepsisine yerleştirin.
g) 18-20 dakika veya altın rengi kahverengi olana kadar pişirin.
ğ) Tereyağı ve ek çarkıfelek meyvesi posası ile sıcak olarak servis yapın.

71.Nane Çörekleri

İÇİNDEKİLER:

- 2 fincan çok amaçlı un
- ¼ bardak şeker
- 1 yemek kaşığı kabartma tozu
- ¼ çay kaşığı tuz
- ½ bardak tuzsuz tereyağı, soğuk ve küçük parçalar halinde kesilmiş
- ½ su bardağı doğranmış taze nane yaprağı
- ⅔ bardak ağır krema
- 1 büyük yumurta
- 1 çay kaşığı vanilya özü

TALİMATLAR:

a) Fırını önceden 400°F'ye ısıtın ve bir fırın tepsisini parşömen kağıdıyla kaplayın.
b) Büyük bir kapta un, şeker, kabartma tozu ve tuzu birlikte çırpın.
c) Karışım iri kırıntılara benzeyene kadar tereyağını bir hamur karıştırıcısı veya parmaklarınızı kullanarak kesin.
ç) Kıyılmış nane yapraklarını karıştırın.
d) Ayrı bir kapta kremayı, yumurtayı ve vanilya özünü birlikte çırpın.
e) Islak malzemeleri kuru malzemelere ekleyin ve karışım bir araya gelinceye kadar hamur haline gelinceye kadar karıştırın.
f) Hamuru hafifçe unlanmış bir yüzeye alıp kısa süre yoğurun.
g) Hamuru yaklaşık 1 inç kalınlığında bir daireye yerleştirin.
ğ) Daireyi 8 parçaya bölün.
h) Takozları hazırlanan fırın tepsisine yerleştirin.
ı) 18-20 dakika veya çörekler hafif altın rengi kahverengi olana ve iyice pişene kadar pişirin.
i) Servis yapmadan önce çöreklerin birkaç dakika soğumasını bekleyin.
j) Eğlence!

72.Amaretto Vişneli Çörekler

İÇİNDEKİLER:

- 2 fincan çok amaçlı un
- ½ bardak) şeker
- 2 çay kaşığı kabartma tozu
- ½ çay kaşığı tuz
- ½ bardak tuzsuz tereyağı, soğutulmuş ve küp şeklinde
- ½ su bardağı kurutulmuş kiraz, doğranmış
- ¼ bardak dilimlenmiş badem
- ¼ bardak amaretto
- ½ bardak ağır krema
- 1 yumurta, dövülmüş

TALİMATLAR:

a) Fırını önceden 375°F'ye ısıtın.
b) Büyük bir kapta un, şeker, kabartma tozu ve tuzu birlikte çırpın.
c) Bir pasta kesici veya parmaklarınızı kullanarak, karışım iri kırıntılara benzeyene kadar tereyağını kuru malzemelere bölün.
ç) Kurutulmuş kirazları ve dilimlenmiş bademleri karıştırın.
d) Ayrı bir kapta amaretto, krema ve yumurtayı birlikte çırpın.
e) Islak malzemeleri kuru malzemelerin üzerine dökün ve karışım bir araya gelinceye kadar karıştırın.
f) Hamuru unlanmış bir yüzeye açın ve yapışkan bir top oluşana kadar yavaşça yoğurun.
g) Hamuru yaklaşık 1 inç kalınlığında bir daireye yerleştirin.
ğ) Daireyi 8 parçaya bölün.
h) Takozları parşömen kağıdıyla kaplı bir fırın tepsisine yerleştirin.
ı) Çöreklerin üst kısımlarını biraz ekstra kremayla fırçalayın.
i) Altın kahverengi olana ve tamamen pişene kadar 20-25 dakika pişirin.
j) Üzerine biraz amaretto sır (pudra şekeri ve amarettodan yapılmış) serperek sıcak olarak servis yapın.

73. Toblerone Çörekler

İÇİNDEKİLER:

- 3 su bardağı + 2 yemek kaşığı un
- ⅓ bardak şeker + serpmek için daha fazlası
- 1 yemek kaşığı kabartma tozu
- ½ tepeleme çay kaşığı karbonat
- ½ çay kaşığı tuz
- 13 yemek kaşığı tereyağı, soğuk
- 1 bardak ayran
- 3½ ons Toblerone şeker çubuğu, doğranmış
- ½ su bardağı dilimlenmiş badem
- 2 yemek kaşığı tereyağı, eritilmiş

TALİMATLAR:

a) Un, şeker, kabartma tozu, kabartma tozu ve tuzu geniş bir kapta karıştırın.
b) Ayrı bir kapta peynir rendesinin geniş deliklerini kullanarak tereyağını rendeleyin.
c) Rendelenmiş tereyağınızı kuru malzemelerin içine dökün ve karışım iri kırıntı görünümü alana kadar karıştırın.
ç) Ayranı ekleyin ve SADECE birleşene kadar karıştırın.
d) Kıyılmış Toblerone ve bademleri dikkatlice katlayın.
e) Hamuru ikiye bölün. Her bir yarımı alın ve yaklaşık 7 inçlik küçük bir daireye şekillendirin.
f) Bir pizza kesici veya keskin bir bıçak kullanarak her daireyi 6 dilime kesin.
g) Her dilimi biraz eritilmiş tereyağıyla fırçalayın ve üzerine şeker serpin.
ğ) Yaklaşık 13 dakika boyunca 425'e ısıtılmış fırına koyun.

74.Yuzu Çörekler

İÇİNDEKİLER:
ÇÖREKLER
- 1⅓ su bardağı çok amaçlı un
- ¼ bardak organik şeker kamışı
- ¼ çay kaşığı tuz
- ½ yemek kaşığı kabartma tozu
- ¼ bardak soğuk tereyağı
- 1 büyük yumurta
- 1 çay kaşığı yuzu suyu
- ¼ ila ½ fincan Fransız vanilyası yarım buçuk

SIR
- ½ su bardağı pudra şekeri
- 2½ yemek kaşığı yuzu suyu
- ½ yemek kaşığı Fransız vanilyası yarım buçuk

TALİMATLAR:
a) Unu, şekeri, tuzu ve kabartma tozunu birlikte çırpın.
b) Soğuk tereyağını çırpma teli ile çırpılmış malzemelere ekleyin.
c) Başka bir kapta yumurtayı hafifçe çırpın. Yuzu suyunu ve yarısını çırpın.
ç) Sıvıyı yavaş yavaş kuru malzemelere ekleyin. Tüm ufalanan parçalar nemlendirilinceye kadar sıvıyı dökün ve karıştırın. Amaç, yapışkan bir hamur topuna sahip olmaktır.
d) Parşömen kağıdını bir çerez kağıdının üzerine yerleştirin. Hamuru ve kağıdı unla tozlayın. Hazırlanan kurabiye kağıdına hamuru kaydırın. Hamuru altı parçaya bölün.
e) Her tümseği biraz yarım buçuk ve/veya yuzu ile boyayın. Şeker kamışı serpin.
f) Tavayı 30 dakika dondurucuya koyun. Çörekleri 425 derecede 22 ila 23 dakika pişirin. Yuzu sırını serpmeden önce 5 ila 10 dakika soğutun.
g) Sır yapmak için: Yuzu ve yarısını pudra şekeriyle birlikte çırpın.

75.Fıstıklı Çörekler

İÇİNDEKİLER:
- 1 ½ su bardağı un
- ¼ su bardağı şeker
- ¼ çay kaşığı tuz
- 1 ½ çay kaşığı kabartma tozu
- 1 çay kaşığı limon kabuğu rendesi
- 4 yemek kaşığı tereyağı
- ⅓ su bardağı kıyılmış, kabukları soyulmuş antep fıstığı
- 1 yumurta, hafifçe çırpılmış
- 2 yemek kaşığı süt

TALİMATLAR :
a) Fırını 425F'ye önceden ısıtın.
b) Büyük bir kapta un, şeker, tuz, kabartma tozu ve limon kabuğu rendesini karıştırın. Karışım iri kırıntılara benzeyene kadar tereyağını kesin. Antep fıstığını karıştırın.
c) Yumurta ve sütü ekleyin, nemlendirilinceye kadar karıştırın.
ç) Yaklaşık yarım santim kalınlığında bir dikdörtgen şeklinde açın. Üçgenler halinde kesin.
d) Yağlanmamış bir kurabiye kağıdına yerleştirin. Altın rengi olana kadar 12-15 dakika pişirin.
e) Çörekleri fırından çıkarın ve yemeden önce 1-2 dakika tel ızgara üzerinde soğumasını bekleyin.

76. Yulaf ezmeli tarçınlı çörekler

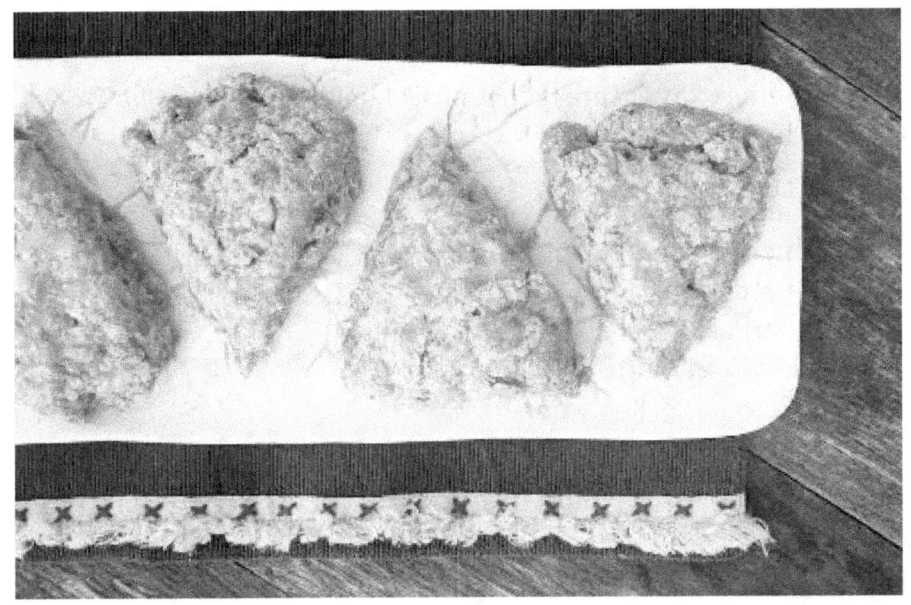

İÇİNDEKİLER:

- ¼ bardak yulaf ezmesi
- 1 çay kaşığı Tuz
- 1¾ bardak Un
- 6 yemek kaşığı Tereyağı, ½ inçlik küpler halinde kesilmiş
- ¼ bardak Şeker
- 1 çay kaşığı Tarçın
- ½ fincan Ayran VEYA:
- ½ fincan Krem VEYA:
- ½ bardak Süt
- ¼ bardak esmer şeker, paketlenmiş
- 1 büyük Yumurta, dövülmüş
- 1½ çay kaşığı Kabartma tozu
- 2 çay kaşığı Vanilya özü
- 1 çay kaşığı Kabartma tozu
- ⅛ çay kaşığı rendelenmiş portakal kabuğu rendesi

TALİMATLAR:

a) Rafı fırının ortasına yerleştirin ve 375 dereceye kadar önceden ısıtın.
b) Büyük bir kaseye un, şeker, kabartma tozu, kabartma tozu ve tuzu eleyin. Yulaf ezmesini ekleyip karıştırın. Tereyağı küplerini un karışımının üzerine dağıtın. Parmak uçlarınızı kullanarak, tereyağlı dilimleri, karışım kaba bir öğüne benzeyene kadar hızlı bir şekilde un karışımına sürün.
c) Orta boy bir kapta ayran, yumurta, vanilya ve kabuğu rendesini karıştırın.
ç) Sıvı karışımı unlu karışıma ekleyin. Büyük bir kauçuk spatulayla, mümkün olduğunca az vuruşla, hamur nemlenip birbirine yapışmaya başlayana kadar yavaşça karıştırın. Hamuru mümkün olduğu kadar az ele alarak, tüm malzemeler tamamen birleşene kadar karıştırın.
d) ⅓-c kullanarak. Ölçü kabını kullanarak, hamuru yağlanmamış bir fırın tepsisine, çörekler arasında en az 1 inç kalacak şekilde bırakın.
e) Çörekler altın rengi kahverengi olana kadar 16 ila 18 dakika pişirin. Çörekleri tel raf üzerine yerleştirilmiş fırın tepsisinde 5 dakika soğutun. Zihinsel bir spatula kullanarak çörekleri tel ızgaraya aktarın ve tamamen soğutun.
f) Sıcak servis yapın veya tamamen soğutulmuş çörekleri oda sıcaklığında hava geçirmez bir kapta saklayın.

77.Margarita Çörekleri

İÇİNDEKİLER:

- 2 bardak un
- ½ bardak) şeker
- 3 çay kaşığı kabartma tozu
- 1 çay kaşığı iri Tuz
- ½ bardak buz gibi soğuk tereyağı, küçük parçalar halinde kesilmiş
- 4 damla limon yağı
- 2 damla limon yağı
- ¼ bardak margarita karışımı
- ¼ bardak ağır krema
- 2 yumurta

TALİMATLAR:

a) Orta boy bir kapta un, şeker, kabartma tozu ve tuzu karıştırın.
b) Soğuk tereyağını pasta kesiciyle iri kırıntı görünümüne gelinceye kadar kesin.
c) Margarita karışımını ve ağır kremayı limon ve portakal yağıyla birlikte yumurtalarla karıştırın.
ç) Islak malzemeleri kuru malzemelerle birleşene kadar karıştırın.
d) Hamuru hafifçe unlanmış bir yüzeyde açın.
e) Hamuru istenilen şekilde kesin
f) Çörekleri parşömen kaplı bir fırın tepsisine yerleştirin
g) 400 derecede 10 dakika pişirin.

78.Hindistan cevizi unu şeker sırlı çörekler

İÇİNDEKİLER:
VURUCU:
- ¾ su bardağı hindistan cevizi unu
- 6 yemek kaşığı tapyoka nişastası
- ½ bardak şeker, hindistancevizi şekeri, akçaağaç şekeri veya eritritol
- 4 çay kaşığı kabartma tozu
- ½ çay kaşığı deniz tuzu
- ½ bardak tereyağı, soğuk
- 3 büyük yumurta
- ½ bardak hindistan cevizi sütü veya krema
- 1 çay kaşığı vanilya özü
- 1 su bardağı taze yaban mersini
- Sırlama hamuru için 1 yemek kaşığı tereyağı veya hindistancevizi yağı
- Üstüne serpmek için 2 yemek kaşığı şeker veya eritritol

BUZ ÖRTÜSÜ:
- ½ su bardağı pudra şekeri
- 1 yemek kaşığı taze limon suyu veya mağazadan satın alınan

TALİMATLAR:
a) Büyük bir kapta kuru malzemeleri, hindistancevizi unu, tapyoka nişastasını, şekeri, kabartma tozunu ve tuzu karıştırın.
b) Soğuk tereyağını alıp küçük küpler halinde kesin. Tereyağını kuru malzemelere ekleyin ve bir çatal veya hamur karıştırıcısı kullanarak tereyağını kuru malzemelerle birlikte ufalayın. Un ve tereyağı küçük kırıntılar gibi görünene kadar bunu yapın. En az 5 dakika sürecektir.
c) Daha sonra, sonraki adımlarda çalışırken erimemesi için ufalanmış tereyağı ve unu içeren bu kaseyi dondurucuya yerleştirin.
ç) Orta boy bir kaseye yumurtaları ekleyin ve karıştırarak karıştırın.
d) Yumurtalara hindistan cevizi sütü ve vanilyayı ekleyip karıştırın.
e) Islak malzemeleri ufalanmış tereyağının üzerine dökün ve bir spatula kullanarak birleşene kadar karıştırın. Hamur şeklini koruyacak kadar kalın olmalıdır. Hindistan cevizi ununun tüm sıvıyı emmesi için en az bir dakika bekleyin. Hamur yeterince kalın

değilse, istenilen kalınlığa gelinceye kadar hamura bir seferde 1 yemek kaşığı hindistan cevizi unu ekleyin.
f) Yaban mersinlerini hamura ekleyin ve birleştirmek için karıştırın.
g) Büyük bir fırın tepsisine parşömen kağıdı serin ve hamuru parşömen kağıdının üzerine yerleştirin.
ğ) Ellerinizi veya bir spatula kullanarak hamuru 8 inç genişliğinde ve yaklaşık 1 inç kalınlığında bir daire şeklinde şekillendirin.
h) Hamurun sertleşmesi için tepsiyi dondurucuya yerleştirin. 30 dakika dondurun.
ı) Fırını 400° F'ye önceden ısıtın.
i) Dondurucudan çıkarıp 8 dilime kesin.
j) Dilimleri ayrı dilimler halinde pişecek şekilde ayırın.
k) Mikrodalgaya dayanıklı bir kapta, 1 yemek kaşığı tereyağını mikrodalgada eritin.
l) Her kamanın üzerine tereyağını fırçalayın veya kaşıklayın. Şeker serpin.
m) 25 dakika veya kenarları altın rengine ve üst kısımları sertleşinceye kadar pişirin.
n) Çörekleri bir soğutma rafında soğutun.
o) Kremayı hazırlamak için pudra şekerini küçük bir kaseye koyun. Limon suyunu ekleyin ve kremanın tamamı birleşene kadar karıştırın. Kremanın daha ince olmasını istiyorsanız daha fazla limon suyu ekleyin.
ö) Soğuyan muhallebilerin üzerine limon suyunu gezdirip servis yapın.

79. Zencefil ve Frenk Üzümü Çörekleri

İÇİNDEKİLER:

- 1 yumurta, dövülmüş
- 3 yemek kaşığı esmer şeker, paketlenmiş
- 1 çay kaşığı rom veya rom aromalı ekstrakt
- 1 çay kaşığı kabartma tozu
- 2 yemek kaşığı süt
- 1 fincan çok amaçlı un
- ¼ fincan tereyağı, yumuşatılmış
- ¾ bardak kuş üzümü
- 2 yemek kaşığı şekerlenmiş zencefil, doğranmış

TALİMATLAR:

ç) Büyük bir kapta, tüm malzemeleri iyice karışana kadar karıştırın. Hamuru 8 ila 10 topa bölün; düzleştirmek.

d) Yağlanmamış fırın tepsisine çörekleri dizin.

e) 350 derecede 15 dakika veya altın rengi olana kadar pişirin.

MİNYATÜR KEKLER

80.Kirazlı Kahveli Kek

İÇİNDEKİLER:
- 1¾ bardak bisküvi pişirme karışımı, bölünmüş
- 1 yumurta, dövülmüş
- ½ bardak) şeker
- ¼ bardak süt
- ½ çay kaşığı vanilya özü
- ⅛ çay kaşığı tuz
- 21 onsluk kutu vişneli pasta dolgusu, kısmen süzülmüş
- ½ bardak esmer şeker, paketlenmiş
- ⅓ su bardağı kıyılmış ceviz
- ½ çay kaşığı tarçın
- 3 Yemek kaşığı tereyağı, doğranmış

TALİMATLAR:
a) 1½ bardak pişirme karışımı, yumurta, şeker, süt, vanilya ve tuzu birleştirin. Pürüzsüz olana kadar karıştırın. Karışımı hafifçe yağlanmış 8 "x8" fırın tepsisine bastırın.
b) Tavadaki karışımın üzerine kaşıkla pasta doldurulur.
c) Kalan pişirme karışımını, esmer şekeri, fındıkları, tarçını ve tereyağını bir hamur karıştırıcısı veya çatal kullanarak ufalanana kadar karıştırın.
ç) Pasta dolgusunun üzerine serpin.
d) 30 dakika boyunca 375 derecede pişirin. Kareler halinde kesin.

81. Mini Victoria Pandispanya

İÇİNDEKİLER:
SÜNGER İÇİN:
- 2 yumurta
- 100 gr (yaklaşık 3,5 ons) tereyağı, yumuşatılmış
- 100 gr (yaklaşık 3,5 ons) pudra şekeri
- 100 gr (yaklaşık 3,5 ons) kendiliğinden kabaran un
- ½ çay kaşığı kabartma tozu
- ½ çay kaşığı vanilya özü

DOLGU İÇİN:
- Çilek veya ahududu reçeli
- Krem şanti

TALİMATLAR:
a) Fırınınızı önceden 180°C'ye (350°F) ısıtın. Mini kek veya kek kalıbını yağlayıp yağlayın.
b) Bir karıştırma kabında tereyağı ve şekeri krema kıvamına gelinceye kadar çırpın. Yumurtaları teker teker ekleyin ve her eklemeden sonra iyice karıştırın. Vanilya ekstraktını karıştırın.
c) Kendiliğinden kabaran unu ve kabartma tozunu eleyin ve ardından karışıma katlayın.
ç) Mini kek kalıbına hamuru kaşıkla dökün.
d) Yaklaşık 12-15 dakika veya kekler altın sarısı rengine gelinceye ve dokunulduğunda esnekleşinceye kadar pişirin.
e) Soğuduktan sonra her mini keki yatay olarak ikiye bölün. Bir yarısına reçel ve krem şantiyi sürüp diğer yarısını üstüne yerleştirin.
f) Üzerine pudra şekeri serpip servis yapın.

82.Mini Limonlu Çiseleyen Kek

İÇİNDEKİLER:

- 2 yumurta
- 100 gr (yaklaşık 3,5 ons) tereyağı, yumuşatılmış
- 100 gr (yaklaşık 3,5 ons) pudra şekeri
- 100 gr (yaklaşık 3,5 ons) kendiliğinden kabaran un
- 1 limon kabuğu rendesi ve
- 1 limonun suyu
- 50 gr (yaklaşık 1,75 ons) toz şeker

TALİMATLAR:

a) Fırınınızı önceden 180°C'ye (350°F) ısıtın. Mini kek veya kek kalıbını yağlayıp yağlayın.

b) Bir karıştırma kabında tereyağını ve pudra şekerini krema kıvamına gelinceye kadar çırpın. Yumurtaları teker teker ekleyin ve her eklemeden sonra iyice karıştırın.

c) Kendiliğinden kabaran unu eleyin ve limon kabuğu rendesini ekleyin. İyice birleşene kadar karıştırın.

ç) Hamuru mini kek kalıbına dökün ve yaklaşık 12-15 dakika veya kekler altın rengi oluncaya kadar pişirin.

d) Kekler pişerken limon suyu ve toz şekeri karıştırıp şerbeti hazırlayın.

e) Kekler fırından çıkar çıkmaz çatal veya kürdan yardımıyla delin ve üzerine limon-şeker karışımını gezdirin.

f) Servis yapmadan önce keklerin soğumasını bekleyin.

83.Mini Çikolatalı Ekler

İÇİNDEKİLER:
CHOUX BÖREĞİ İÇİN:
- 150 ml (yaklaşık 5 ons) su
- 60 gr (yaklaşık 2 ons) tereyağı
- 75 gr (yaklaşık 2,5 ons) sade un
- 2 büyük yumurta

DOLGU İÇİN:
- 200 ml (yaklaşık 7 ons) krem şanti
- Çikolatalı ganaj (eritilmiş çikolata ve kremadan yapılır)

TALİMATLAR:
a) Fırınınızı önceden 200°C'ye (390°F) ısıtın. Bir fırın tepsisini parşömen kağıdıyla hizalayın.

b) Bir tencerede su ve tereyağını, tereyağı eriyene kadar ısıtın. Ateşten alıp unu ekleyin. Bir hamur topu oluşana kadar kuvvetlice karıştırın.

c) Hamurun hafifçe soğumasını bekleyin, ardından yumurtaları teker teker ekleyerek karışım pürüzsüz ve parlak hale gelinceye kadar çırpın.

ç) Choux hamurunu fırın tepsisine küçük ekler şeklinde kaşıkla veya pipetle dökün.

d) Yaklaşık 15-20 dakika veya kabarıp altın rengi oluncaya kadar pişirin.

e) Soğuduktan sonra her bir ekleri yatay olarak ikiye bölün. Krem şanti ile doldurun ve çikolatalı ganajı gezdirin.

84.Mini Kahveli Cevizli Kek

İÇİNDEKİLER:
KEK İÇİN:
- 2 yumurta
- 100 gr (yaklaşık 3,5 ons) tereyağı, yumuşatılmış
- 100 gr (yaklaşık 3,5 ons) pudra şekeri
- 100 gr (yaklaşık 3,5 ons) kendiliğinden kabaran un
- 1 yemek kaşığı hazır kahve, 1 yemek kaşığı sıcak suda eritilmiş
- 50 gr (yaklaşık 1,75 ons) kıyılmış ceviz

BUZLANMA İÇİN:
- 100 gr (yaklaşık 3,5 ons) yumuşatılmış tereyağı
- 200 gr (yaklaşık 7 ons) pudra şekeri
- 1 yemek kaşığı hazır kahve, 1 yemek kaşığı sıcak suda eritilmiş

TALİMATLAR:
a) Fırınınızı önceden 180°C'ye (350°F) ısıtın. Mini kek veya kek kalıbını yağlayıp yağlayın.
b) Bir karıştırma kabında tereyağını ve pudra şekerini krema kıvamına gelinceye kadar çırpın. Yumurtaları teker teker ekleyin ve her eklemeden sonra iyice karıştırın.
c) Kendiliğinden kabaran unu eleyin ve çözünmüş kahveyi ekleyin. İyice birleşene kadar karıştırın.
ç) Kıyılmış cevizleri karıştırın.
d) Hamuru mini kek kalıbına dökün ve yaklaşık 12-15 dakika veya kekler altın rengi oluncaya kadar pişirin.
e) Soğuduktan sonra yumuşatılmış tereyağını, pudra şekerini ve çözünmüş kahveyi birlikte çırparak kahve kremasını hazırlayın.
f) Mini kekleri buzlayın ve istenirse ekstra kıyılmış cevizle süsleyin.

85.Mini İkindi Çayı Kekleri

İÇİNDEKİLER:
ÇAY KEKLERİ İÇİN:
- 3 yemek kaşığı şekersiz kakao tozu
- 1 çay kaşığı karbonat
- 1 fincan çok amaçlı un
- ½ su bardağı sıcak su
- 1 çay kaşığı vanilya özü
- 3 yemek kaşığı tuzsuz tereyağı, eritilmiş
- ⅓ bardak kıyılmış hindistan cevizi
- 1 büyük yumurta
- ½ bardak ekşi krema

GLAZÜR İÇİN:
- 1 yemek kaşığı tuzsuz tereyağı
- 1 su bardağı elenmiş şekerleme şekeri
- 2 yemek kaşığı su
- ¼ çay kaşığı öğütülmüş tarçın
- ½ ons şekersiz çikolata
- 1 çay kaşığı vanilya özü

TALİMATLAR:
ÇAY KEKLERİ İÇİN:
a) Fırınınızı 375 derece F'ye (190 derece C) önceden ısıtın. On iki adet 2½ inçlik muffin kaplarını kağıt astarlarla sıralayın.
b) Küçük bir kaseye kakao tozunu koyun ve kakaoyu çözmek için ½ bardak çok sıcak musluk suyuyla karıştırın.
c) Büyük bir kapta eritilmiş tereyağı ve şekeri birleştirin. İyice karışana kadar elektrikli karıştırıcıyla çırpın.
ç) Yumurtayı ekleyin ve karışım hafif ve kremsi hale gelinceye kadar çırpın; bu işlem yaklaşık 1 ila 2 dakika sürecektir.
d) Çözünmüş kakao karışımını dökün ve hamur pürüzsüz hale gelinceye kadar çırpın.
e) Ayrı küçük bir kapta ekşi krema ve kabartma tozunu birlikte karıştırın. Bunu tereyağı-şeker-kakao karışımına karıştırın.
f) Çok amaçlı un ve vanilya özünü ekleyin ve malzemeler eşit şekilde karışana kadar hızla çırpın. Kıyılmış hindistan cevizini karıştırın.

g) Hamuru muffin kalıplarına kaşıkla paylaştırın, aralarında eşit olarak paylaştırın ve kapların yaklaşık dörtte üçünü doldurun.

ğ) Yaklaşık 20 dakika kadar veya çay keklerinin üst kısımları hafifçe dokunulduğunda eski haline dönene ve ortasına batırılan kürdan temiz çıkana kadar pişirin.

h) Çay keklerini muffin kaplarından çıkarın ve sırını hazırlarken bir raf üzerinde hafifçe soğumasını bekleyin.

ÇİKOLATA SIRASI İÇİN:

ı) Küçük bir tencerede tereyağını 2 yemek kaşığı suyla birleştirin. Kısık ateşte koyun, şekersiz çikolatayı ekleyin ve çikolata eriyene ve karışım hafifçe koyulaşana kadar karıştırın. Isıdan çıkarın.

i) Küçük bir kapta elenmiş şekerleme şekeri ve öğütülmüş tarçını birleştirin. Eritilmiş çikolata karışımını ve vanilya özünü pürüzsüz bir sır elde edene kadar karıştırın.

j) Her sıcak çay kekinin üzerine yaklaşık 2 çay kaşığı çikolata sosu sürün ve iyice soğumasını bekleyin.

k) Tarçın kokulu çikolata sırlarıyla bu İkindi Çayı Kekleri, çayınızın yanında keyifle tüketebileceğiniz enfes bir ikramdır.

86.Mini Havuçlu Kek Isırmaları

İÇİNDEKİLER:

KEK İÇİN:
- 2 yumurta
- 100 gr (yaklaşık 3,5 ons) bitkisel yağ
- 125 gr (yaklaşık 4,5 ons) kahverengi şeker
- 150 gr (yaklaşık 5,3 ons) rendelenmiş havuç
- 100 gr (yaklaşık 3,5 ons) kendiliğinden kabaran un
- ½ çay kaşığı öğütülmüş tarçın
- ½ çay kaşığı öğütülmüş hindistan cevizi
- ½ çay kaşığı vanilya özü
- Bir avuç kuru üzüm (isteğe bağlı)

KREM PEYNİRLİ DONDURMA İÇİN:
- 100 gr (yaklaşık 3,5 ons) krem peynir
- 50 gr (yaklaşık 1,75 ons) yumuşatılmış tereyağı
- 200 gr (yaklaşık 7 ons) pudra şekeri
- ½ çay kaşığı vanilya özü

TALİMATLAR:

a) Fırınınızı önceden 180°C'ye (350°F) ısıtın. Mini kek veya kek kalıbını yağlayıp yağlayın.

b) Bir karıştırma kabında yumurtaları, bitkisel yağı ve esmer şekeri iyice birleşene kadar çırpın.

c) Rendelenmiş havuçları, kabaran unu, öğütülmüş tarçını, öğütülmüş hindistan cevizini, vanilya özütünü ve kuru üzümleri (kullanıyorsanız) ilave edin.

ç) Hamuru mini kek kalıbına dökün ve yaklaşık 12-15 dakika veya kekler sertleşip batırdığınızda kürdan temiz çıkana kadar pişirin.

d) Soğuduktan sonra krem peyniri, yumuşatılmış tereyağını, pudra şekerini ve vanilya özünü birlikte çırparak krem peynirli krema hazırlayın.

e) Mini havuçlu kekleri krem peynirli krema ile buzlayın.

87. Mini Kırmızı Kadife Kek

İÇİNDEKİLER:
KEK İÇİN

- 2 yumurta
- 100 gr (yaklaşık 3,5 ons) tereyağı, yumuşatılmış
- 150 gr (yaklaşık 5,3 ons) toz şeker
- 150g (yaklaşık 5,3 ons) çok amaçlı un
- 1 yemek kaşığı şekersiz kakao tozu
- ½ çay kaşığı karbonat
- ½ çay kaşığı beyaz sirke
- ½ çay kaşığı vanilya özü
- Birkaç damla kırmızı gıda boyası
- 125 ml (yaklaşık 4,2 ons) ayran

KREM PEYNİRLİ DONDURMA İÇİN:

- 100 gr (yaklaşık 3,5 ons) krem peynir
- 50 gr (yaklaşık 1,75 ons) yumuşatılmış tereyağı
- 200 gr (yaklaşık 7 ons) pudra şekeri
- ½ çay kaşığı vanilya özü

TALİMATLAR:
a) Fırınınızı önceden 180°C'ye (350°F) ısıtın. Mini kek veya kek kalıbını yağlayıp yağlayın.
b) Bir karıştırma kabında tereyağı ve toz şekeri krema kıvamına gelinceye kadar çırpın. Yumurtaları teker teker ekleyin ve her eklemeden sonra iyice karıştırın.
c) Ayrı bir kapta un ve kakao tozunu karıştırın.
ç) Başka bir küçük kapta ayran, vanilya özü ve kırmızı gıda boyasını birleştirin.
d) Kuru malzemeleri ve ayran karışımını yavaş yavaş tereyağı ve şeker karışımına, ikisi arasında geçiş yaparak, kuru malzemelerle başlayıp bitirerek ekleyin.
e) Küçük bir kapta kabartma tozu ve beyaz sirkeyi köpürene kadar karıştırın, ardından hızla kek hamuruna katın.
f) Hamuru mini kek kalıbına dökün ve yaklaşık 12-15 dakika veya kekler yumuşayana kadar pişirin.
g) Soğuduktan sonra krem peyniri, yumuşatılmış tereyağını, pudra şekerini ve vanilya özünü birlikte çırparak krem peynirli krema hazırlayın.
ğ) Mini kırmızı kadife kekleri krem peynirli krema ile buzlayın.

KRUVASAN

88. Toblerone'lu ekmek ve tereyağlı kruvasanlar

İÇİNDEKİLER:

- 1 su bardağı krema
- 2 yemek kaşığı pudra şekeri
- 1 çay kaşığı vanilya özü
- 100g Toblerone sütlü çikolata, parçalara ayrılmış
- 6 Coles Bakery Mini Kruvasan
- 2 yumurta
- 16 dondurulmuş ahududu
- İsteğe göre pudra şekeri, toz haline getirilmiş

TALİMATLAR:

a) Fırını fanlı 180C / 160C'ye önceden ısıtın. Dört adet 250 ml'lik fırına dayanıklı kabı yağlayın.
b) Krema, pudra şekeri, vanilya ve yumurtaları geniş bir kapta çırpın.
c) Her kruvasanı yatay olarak ikiye ve ardından çapraz olarak ikiye bölün.
ç) Kruvasanları hazırlanan tabaklara yerleştirin.
d) Yumurta karışımını dökün ve 10 dakika bekletin.
e) Çikolata ve ahududuları kruvasan dilimlerinin üzerine ve arasına yerleştirin.
f) 25 dakika veya altın rengi olana kadar pişirin ve ayarlayın. İstenirse pudra şekeri serpin.

89.Toblerone Kruvasanları

İÇİNDEKİLER:
- 4 kruvasan
- 125g Philadelphia sürülebilir krem peynir
- 100g Toblerone sütlü çikolata, kabaca doğranmış

TALİMATLAR:
- Kruvasanları keskin bir bıçakla yatay olarak kesin. Kruvasanların alt yarısını Philly ile yayın.
- Toblerone serpin. Kapağı kapatın. Kruvasanı folyoya sarın.
- 150°C'de 10 dakika veya iyice ısınana kadar pişirin.

90.Nutella ve Muzlu Kruvasan

İÇİNDEKİLER:

- 1 yaprak puf böreği, çözülmüş
- ¼ bardak Nutella
- 1 muz, ince dilimlenmiş
- 1 yumurta, dövülmüş
- Üzerine serpmek için pudra şekeri

TALİMATLAR:

a) Fırınınızı 200°C'ye (400°F) önceden ısıtın.
b) Hafifçe unlanmış bir yüzeyde, puf böreği tabakasını 12 inç kareye kadar açın.
c) Kareyi 4 küçük kareye bölün.
ç) Her kareye bir yemek kaşığı Nutella sürün ve kenarlarında küçük bir kenarlık bırakın.
d) Nutella'nın üzerine birkaç dilim muz koyun.
e) Her kareyi bir köşeden diğer köşeye doğru yuvarlayarak kruvasan şekli oluşturun.
f) Kruvasanları parşömen kağıdıyla kaplı bir fırın tepsisine yerleştirin.
g) Kruvasanları çırpılmış yumurtayla yağlayın.
ğ) Kruvasanlar altın kahverengi olana ve şişene kadar 15-20 dakika pişirin.
h) Servis yapmadan önce üzerine pudra şekeri serpin.

91. S'mores Kruvasan

İÇİNDEKİLER:
- 1 yaprak puf böreği, çözülmüş
- ¼ bardak Nutella
- ¼ bardak mini marshmallow
- ¼ bardak graham kraker kırıntısı
- 1 yumurta, dövülmüş
- Üzerine serpmek için pudra şekeri

TALİMATLAR:

a) Fırını, puf böreği paketinin üzerinde belirtilen sıcaklığa kadar önceden ısıtın. Genellikle 375°F (190°C) civarındadır.
b) Hafifçe unlanmış bir yüzey üzerinde, çözülmüş puf böreği tabakasını açın ve eşit kalınlıkta olacak şekilde hafifçe açın.
c) Bir bıçak veya pizza kesici kullanarak milföy hamurunu üçgenler halinde kesin. Tercih ettiğiniz boyuta bağlı olarak yaklaşık 6-8 üçgen almalısınız.
ç) Her bir milföy üçgeninin üzerine, kenarlarında küçük bir kenarlık bırakarak ince bir tabaka Nutella sürün.
d) Her üçgenin üzerine Nutella tabakasının üzerine graham kraker kırıntılarını serpin.
e) Graham kraker kırıntılarının üzerine birkaç mini marshmallow yerleştirin ve bunları üçgen boyunca eşit şekilde dağıtın.
f) Her üçgenin geniş ucundan başlayarak, hamuru dikkatlice sivri uca doğru yuvarlayarak kruvasan şekli oluşturun. Dolgunun dışarı sızmasını önlemek için kenarları kapattığınızdan emin olun.
g) Hazırlanan kruvasanları, pişirme sırasında genleşecek şekilde aralarında biraz boşluk bırakarak, parşömen kağıdıyla kaplı bir fırın tepsisine yerleştirin.
ğ) Her kruvasanın üstünü çırpılmış yumurtayla fırçalayın, bu onlara pişirildiğinde güzel bir altın rengi verecektir.
h) S'mores Kruvasanlarını önceden ısıtılmış fırında yaklaşık 15-18 dakika veya altın kahverengiye dönüp kabarıncaya kadar pişirin.
ı) Piştikten sonra kruvasanları fırından çıkarın ve tel ızgara üzerinde hafifçe soğumasını bekleyin.
i) Servis yapmadan önce S'mores Kruvasanlarının üzerine pudra şekeri serpin, tatlılık ve çekici bir son dokunuş ekleyin.
j) Kahvaltıda, tatlıda ya da Nutella, marshmallow ve graham krakerlerinden oluşan enfes bir kombinasyona can attığınızda, leziz ev yapımı S'mores Kruvasanlarınızın keyfini çıkarın.

92.Kahvaltı kruvasanlı sandviçler

İÇİNDEKİLER:
- 1 yemek kaşığı zeytinyağı
- 4 büyük yumurta, hafifçe dövülmüş
- Tadına göre kaşer tuzu ve taze çekilmiş karabiber
- 8 mini kruvasan, yatay olarak ikiye bölünmüş
- 4 ons ince dilimlenmiş jambon
- 4 dilim kaşar peyniri, ikiye bölünmüş

TALİMATLAR:
a) Zeytinyağını büyük bir tavada orta-yüksek ateşte ısıtın. Yumurtaları ekleyin ve silikon veya ısıya dayanıklı bir spatula ile yavaşça karıştırarak sertleşmeye başlayıncaya kadar pişirin; tuz ve karabiber ile tatlandırın. 3 ila 5 dakika boyunca koyulaşana ve görünür sıvı yumurta kalmayana kadar pişirmeye devam edin.

b) 8 sandviç yapmak için kruvasanları yumurta, jambon ve peynirle doldurun. Plastik sargıya sıkıca sarın ve 1 aya kadar dondurun.

c) Yeniden ısıtmak için dondurulmuş sandviçin plastik ambalajını çıkarın ve bir kağıt havluya sarın. Mikrodalga, tamamen ısıtılıncaya kadar 1 ila 2 dakika boyunca yarıya kadar çevirerek.

93.Klasik Pastırma, Yumurta ve Peynirli Kruvasan

İÇİNDEKİLER:
- 2 büyük kruvasan
- 4 dilim pastırma
- 2 büyük yumurta
- 2 dilim çedar peyniri
- 2 yemek kaşığı tuzsuz tereyağı
- Tatmak için biber ve tuz

TALİMATLAR:
a) Fırını önceden 350°F'ye ısıtın.
b) Pastırmayı orta ateşte tavada gevrekleşinceye kadar pişirin. Tavadan çıkarın ve kağıt havluyla kaplı bir tabağa boşaltın.
c) Yumurtaları küçük bir kaseye kırıp çatalla köpürene kadar çırpın.
ç) Yapışmaz bir tavada, 1 yemek kaşığı tereyağını orta-düşük ateşte eritin. Yumurtaları ekleyin ve ara sıra karıştırarak, iyice pişene kadar pişirin. Tatlandırmak için tuz ve karabiber ekleyin.
d) Kruvasanları uzunlamasına ikiye bölüp fırın tepsisine dizin.
e) Her kruvasanın yarısına bir dilim çedar peyniri ekleyin.
f) Peynirin üzerine 2 dilim domuz pastırması ve bir kepçe çırpılmış yumurta ekleyin.
g) Kruvasanın diğer yarısını kapatın ve kalan yemek kaşığı tereyağını üstlerine sürün.
ğ) Önceden ısıtılmış fırında 5-7 dakika veya peynir eriyene ve kruvasanlar ısınana kadar pişirin.
h) Sıcak servis yapın ve lezzetli Pastırma, Yumurta ve Peynirli Kruvasanınızın tadını çıkarın!

94.Portakallı, Bademli Kruvasan Yapışkan Çörekler

İÇİNDEKİLER:

Yapışkan Çörek DOLGUSU İÇİN:
- ½ bardak tuzsuz tereyağı, yumuşatılmış
- ½ su bardağı toz şeker
- ½ su bardağı açık kahverengi şeker
- ¼ bardak bal
- ½ çay kaşığı tuz
- 1 çay kaşığı vanilya özü
- ½ çay kaşığı badem özü
- ½ su bardağı dilimlenmiş badem
- 2 yemek kaşığı portakal kabuğu rendesi

KRUVASAN HAMURU İÇİN:
- 1 pound kruvasan hamuru
- Toz almak için un

TALİMATLAR:
a) Fırını önceden 375°F'ye ısıtın.
b) Orta boy bir kapta yumuşatılmış tereyağını, toz şekeri, açık kahverengi şekeri, balı, tuzu, vanilya ekstraktını ve badem ekstraktını pürüzsüz hale gelinceye kadar çırpın.
c) Dilimlenmiş bademleri ve portakal kabuğu rendesini ekleyip karıştırın.
ç) Hafifçe unlanmış bir yüzeyde, kruvasan hamurunu yaklaşık ¼ inç kalınlığında büyük bir dikdörtgen şeklinde açın.
d) Yapışkan çörek dolgusunu kruvasan hamurunun üzerine eşit şekilde yayın.
e) Uzun kenardan başlayarak hamuru sıkı bir şekilde rulo halinde yuvarlayın.
f) Keskin bir bıçak kullanarak kütüğü 12 eşit parçaya bölün.
g) Parçaları, kesilmiş tarafı yukarı bakacak şekilde, yağlanmış 9 inçlik kare bir pişirme kabına yerleştirin.
ğ) 25-30 dakika veya çörekler altın rengi kahverengi olana ve dolgu kabarcıklı hale gelene kadar pişirin.
h) Fırından çıkarıp 5-10 dakika soğumaya bırakın.
ı) Yapışkan çörekleri geniş bir servis tabağına ters çevirin.
i) Sıcak servis yapın ve lezzetli Portakallı Bademli Kruvasan Yapışkan Çöreklerinizin tadını çıkarın!

95.Fıstıklı Kruvasan

İÇİNDEKİLER:
- Temel kruvasan hamuru
- 1 su bardağı antep fıstığı, doğranmış
- ¼ su bardağı toz şeker
- ¼ bardak tuzsuz tereyağı, yumuşatılmış
- 1 yemek kaşığı su ile çırpılmış 1 yumurta

TALİMATLAR:
a) Kruvasan hamurunu büyük bir dikdörtgen şeklinde açın.
b) Hamuru üçgenler halinde kesin.
c) Bir karıştırma kabında doğranmış antep fıstığını, şekeri ve yumuşatılmış tereyağını birleştirin.
ç) Antep fıstığı karışımını her kruvasanın alt yarısına yayın.
d) Kruvasanın üst yarısını değiştirin ve hafifçe bastırın.
e) Kruvasanları pişirme kağıdı serili bir fırın tepsisine yerleştirin, üzerine yumurta sarısı sürün ve 1 saat mayalanmaya bırakın.
f) Fırını önceden 200°C'ye (400°F) ısıtın ve kruvasanları altın kahverengi olana kadar 20-25 dakika pişirin.

96.Fındıklı Çikolatalı Kruvasanlar

İÇİNDEKİLER:
- Temel kruvasan hamuru
- ½ bardak fındık, kıyılmış
- ½ su bardağı damla çikolata
- ¼ su bardağı toz şeker
- ¼ bardak tuzsuz tereyağı, yumuşatılmış
- 1 yemek kaşığı su ile çırpılmış 1 yumurta

TALİMATLAR:
a) Kruvasan hamurunu büyük bir dikdörtgen şeklinde açın.
b) Hamuru üçgenler halinde kesin.
c) Bir karıştırma kabında kıyılmış fındıkları, çikolata parçacıklarını, şekeri ve yumuşatılmış tereyağını birleştirin.
ç) Fındıklı çikolata karışımını her kruvasanın alt yarısına yayın.
d) Kruvasanın üst yarısını değiştirin ve hafifçe bastırın.
e) Kruvasanları pişirme kağıdı serili bir fırın tepsisine yerleştirin, üzerine yumurta sarısı sürün ve 1 saat mayalanmaya bırakın.
f) Fırını önceden 200°C'ye (400°F) ısıtın ve kruvasanları altın kahverengi olana kadar 20-25 dakika pişirin.

97.Ahududu Kruvasanları

İÇİNDEKİLER:
- Temel kruvasan hamuru
- 1 su bardağı taze ahududu
- ¼ su bardağı toz şeker
- 1 yemek kaşığı su ile çırpılmış 1 yumurta

TALİMATLAR:
a) Kruvasan hamurunu büyük bir dikdörtgen şeklinde açın.
b) Hamuru üçgenler halinde kesin.
c) Her kruvasanın üzerine taze ahududu koyun.
ç) Ahududuların üzerine toz şekeri serpin.
d) Her bir üçgeni geniş ucundan başlayarak yukarıya doğru yuvarlayın ve hilal şekli verin.
e) Kruvasanları pişirme kağıdı serili fırın tepsisine yerleştirin ve 1 saat kadar mayalanmaya bırakın.
f) Fırını önceden 200°C'ye (400°F) ısıtın ve kruvasanları altın kahverengi olana kadar 20-25 dakika pişirin.

98.Şeftali Kruvasan

İÇİNDEKİLER:

- Temel kruvasan hamuru
- 2 adet olgun şeftali, soyulmuş ve doğranmış
- ¼ su bardağı toz şeker
- ½ çay kaşığı öğütülmüş tarçın
- 1 yemek kaşığı su ile çırpılmış 1 yumurta

TALİMATLAR:

a) Kruvasan hamurunu büyük bir dikdörtgen şeklinde açın.
b) Küçük bir kapta doğranmış şeftalileri, şekeri ve tarçını karıştırın.
c) Şeftali karışımını hamurun yüzeyine eşit şekilde yayın.
ç) Hamuru üçgenler halinde kesin.
d) Her üçgeni kruvasan şekline getirin.
e) Kruvasanları pişirme kağıdı serili bir fırın tepsisine yerleştirin, üzerine yumurta sarısı sürün ve 1 saat mayalanmaya bırakın.
f) Fırını önceden 200°C'ye (400°F) ısıtın ve kruvasanları altın kahverengi olana kadar 20-25 dakika pişirin.

99.Çikolata Kaplı Çilekli Kruvasan

İÇİNDEKİLER:
- 6 kruvasan
- ½ bardak çilek reçeli
- ½ su bardağı yarı tatlı çikolata parçaları
- 1 yemek kaşığı tuzsuz tereyağı
- ¼ bardak ağır krema
- Dilimlenmiş taze çilek (isteğe bağlı)

TALİMATLAR:
a) Fırını önceden 375°F'ye ısıtın.
b) Her kruvasanı uzunlamasına ikiye bölün.
c) Her kruvasanın alt yarısına 1-2 yemek kaşığı çilek reçeli sürün.
ç) Her kruvasanın üst yarısını değiştirin ve bir fırın tepsisine yerleştirin.
d) 10-12 dakika veya kruvasanlar hafif altın rengi kahverengi olana kadar pişirin.
e) Küçük bir tencerede çikolata parçacıklarını, tereyağını ve ağır kremayı kısık ateşte sürekli karıştırarak pürüzsüz hale gelinceye kadar eritin.
f) Kruvasanları fırından çıkarın ve birkaç dakika soğumasını bekleyin.
g) Her kruvasanın üstünü çikolata karışımına batırın ve fazlalığın akmasını sağlayın.
ğ) Çikolata kaplı kruvasanları soğuması ve soğuması için tel ızgara üzerine yerleştirin.
h) İsteğe bağlı: Servis yapmadan önce üzerine taze çilek dilimleri ekleyin.

100. Zencefilli Kurabiye

İÇİNDEKİLER:
- Temel kruvasan hamuru
- 2 çay kaşığı öğütülmüş zencefil
- 1 çay kaşığı öğütülmüş tarçın
- ¼ çay kaşığı öğütülmüş karanfil
- ¼ çay kaşığı öğütülmüş hindistan cevizi
- ½ bardak tuzsuz tereyağı, eritilmiş
- ¼ bardak pekmez
- 1 yemek kaşığı su ile çırpılmış 1 yumurta

TALİMATLAR:
a) Kruvasan hamurunu büyük bir dikdörtgen şeklinde açın.
b) Küçük bir kapta öğütülmüş zencefili, öğütülmüş tarçını, öğütülmüş karanfilleri, öğütülmüş hindistan cevizini, eritilmiş tereyağını ve pekmezi karıştırın.
c) Zencefilli kurabiye karışımını hamurun yüzeyine fırçalayın.
ç) Hamuru üçgenler halinde kesin.
d) Her üçgeni kruvasan şekline getirin.
e) Kruvasanları pişirme kağıdı serili bir fırın tepsisine yerleştirin, üzerine yumurta sarısı sürün ve 1 saat mayalanmaya bırakın.
f) Fırını önceden 200°C'ye (400°F) ısıtın ve kruvasanları altın kahverengi olana kadar 20-25 dakika pişirin.

ÇÖZÜM

"EN İYİ SABAH İKRAMLARI YEMEK KİTABI Yemek Kitabı"nın sonuna geldiğimizde, çok çeşitli tarifleri keşfetmekten ve sabah rutininize ekleyebileceğiniz yeni favoriler keşfetmekten keyif aldığınızı umuyoruz. İster tatlı ister tuzlu ikramları tercih edin, bu sayfalarda herkese göre bir şeyler var.

Bu tarifleri kendinize ait hale getirmek için farklı tatlar, malzemeler ve teknikler denemenizi öneririz. Sonuçta yemek pişirmek, talimatları takip etmek kadar yaratıcılık ve keşifle de ilgilidir. Bu nedenle, bu tariflere kendi yorumunuzu katmaktan ve bunları zevk tercihlerinize uyacak şekilde uyarlamaktan korkmayın.

Mutfak yolculuğunuza devam ederken mutfakta geçirdiğiniz anların, evinizi dolduran kokuların ve lezzetli yemekleri sevdiklerinizle paylaşmanın keyfinin tadını çıkaracağınızı umuyoruz. Unutmayın, sabahlar yenilenme ve beslenme zamanıdır ve güne sevgiyle yapılan ev yapımı bir ikramla başlamaktan daha iyi bir yol yoktur.

Bu lezzetli maceraya bize katıldığınız için teşekkür ederiz. Sabahlarınız sıcaklık, kahkaha ve elbette bol miktarda ağız sulandıran ikramlarla dolu olsun. Mutlu pişirme!

www.ingramcontent.com/pod-product-compliance
Lightning Source LLC
Chambersburg PA
CBHW070348120526
44590CB00014B/1056